# Auf der Couch

## Psychoanalyse in Karikaturen

*Für Bernd*

Heinz Schott

# Auf der Couch
# Psychoanalyse in Karikaturen

Eine kritische Studie

mit 44 farbigen Abbildungen

**Bibliografische Information der Deutschen Nationalbibliothek:**

Die Deutsche Nationalbibliothek verzeichnet diese Publikation in der Deutschen Nationalbibliografie; detaillierte bibliografische Daten sind im Internet über http://dnb.dnb.de abrufbar.
Die automatisierte Analyse des Werkes, um daraus Informationen insbesondere über Muster, Trends und Korrelationen gemäß §44b UrhG („Text und Data Mining") zu gewinnen, ist untersagt.

Coverbild:
Sigmund Freuds Couch
Foto © Courtesy Sigmund Freud Museum London

SCHOTT's NEUE BIBlIOTHEK / 12


Herstellung und Verlag: BoD – Books on Demand, Norderstedt

ISBN: 9783759735188

# Inhaltsverzeichnis

## Vorwort

Vor gut 50 Jahren begann ich mit meiner Lektüre von Sigmund Freuds Schriften, allen voran *Die Traumdeutung*. Wenn für Freud der Traum »der Königsweg zum Unbewußten« darstellte, so erwies sich für mich sein Werk als der Königsweg zur Medizingeschichte. Denn darin fließen mannigfaltige Quellen der Kultur- und Wissenschaftsgeschichte zusammen und bilden eine eigenwillige Gegenströmung zum wissenschaftlichen Mainstream seiner Zeit. Wer sich offen mit Freuds Werk befasst, wird in ihm Spuren romantischer Naturphilosophie und alchemistischer Gedanken ebenso finden können wie Anspielungen auf Mythologie, Literatur und Kunst. Dabei hatte er die gesellschaftlichen Verhältnisse seiner Zeit im Auge, aus deren krankmachenden Zwängen er das mehr oder weniger neurotische Individuum »ein Stück weit« befreien wollte. Mein Weg als Medizinhistoriker führte mich von Freud über Franz Anton Mesmer und die romantische Naturphilosophie zu Paracelsus und die magisch-alchemistische Naturforschung, die in der frühen Neuzeit eine Wurzel der modernen Naturwissenschaft und Medizin bildete. Am Ende meiner wissenschaftlichen Laufbahn nähere ich mich nun noch einmal Freud an – diesmal aber von einer ganz anderen Seite, sozusagen von außen.

Es geht mir nicht mehr darum, was ich selbst aus Freud herauslesen kann oder möchte, sondern um die Frage, was andere mit seiner Psychoanalyse anstellen, die sie außerhalb einer psychotherapeutischen Praxis oder einer akademischen Einrichtung für ihre Arbeit nutzen. Hier wäre etwa an Literaten, Theater- und Filmregisseure oder auch Performance-Künstler zu denken. Dass ich mich Karikaturisten zugewandt habe, hat einen persönlichen Grund. Ich wohnte früher einmal mit meiner Familie im Freiburger Stadtteil Wiehre: Im Nachbarhaus wohnte Dr. Bernd Hotz mit seiner Familie, mit der wir freundschaftlich verbunden waren. Bis zu seinem Ruhestand kümmerte sich Bernd (erfolgreich) um meine Zähne, auch nachdem wir schon längst (1987) nach Bonn umgezogen waren. Seither pflegen wir einen Briefwechsel. Er wollte mir, dem »Freudologen« (so würde ich mich selbst bezeichnen, da ich kein »Freudianer« bin), immer wieder eine Freude machen und schickte mir im Laufe der Zeit diverse Karikaturen, die auf die Psychoanalyse anspielen: Postkarten sowie Ausschnitte aus Zeitungen und Zeitschriften. So entstand im Laufe der Jahre eine kleine Sammlung, die mich auf den Gedanken brachte, darüber eine Abhandlung zu verfassen. Das Ergebnis stellt die vorliegende kritische Studie dar.

Sie betritt insofern Neuland, als sie erstmals ein weites Spektrum von Karikaturen zur Psychoanalyse ohne inhaltliche Vorgabe behandelt. Alles, was meine Sammlung hergab, habe ich einbezogen. Bisherige Darstellungen haben einen spezielleren Zugang. So zeigte die Ausstellung des Wiener Sigmund Freud Museums von 2007 ausschließlich Karikaturen zur Psychoanalyse, die im *New Yorker* erschienen sind.[1] Erwähnenswert ist auch der einschlägige Artikel von Julia Quante »Freud im Spiegel der Karikaturen« (2014) mit Illustrationen und weiterführenden Literaturangaben.[2] Sie argumentiert ganz im Sinne Freuds, der bei den Kritikern seiner Lehre nur deren »Widerstand« gegen die Wahrheit der Psychoanalyse erblickte, die er dadurch bestätigt sah. Ähnliches unterstellt Quante den Karikaturisten: »Eine Wahrheit, die in den Karikaturen über die Psychoanalyse ans Licht kommt, mag sein, dass Freuds ungewöhnliche Methoden und streitbare Theorien bis heute ein enormes Potenzial an Widerspruch und ›Widerstand‹ hervorrufen, abgewehrt und herabgesetzt werden, dass sie also, positiv ausgedrückt, nach wie vor umstritten, diskussionswürdig und somit lebendig sind.«[3] Ich komme zu einem etwas anderen Ergebnis: Die Karikaturisten nutzen das psychoanalytische Klischee vor allem als eine Art von populärem Passepartout, um ihre jeweiligen Themen, die im öffentlichen Diskurs gerade aktuell sind, möglichst pointiert auszuleuchten.

Ich habe die Abbildungen in ihrer Originalgröße belassen und reproduziere sie so, wie sie mir vorliegen. Nicht von allen Bildzitaten konnte ich trotz intensiver Recherche die Quelle beziehungsweise den Urheber ausfindig machen. Gerne kann ich in einer weiteren Auflage fehlende Informationen einfügen, wenn sie mir mitgeteilt werden.

Für das kritische Lektorat und die Durchsicht des Manuskripts danke ich herzlich Anna und Johannes.

Wie gesagt: Ohne die kontinuierlichen Zusendungen von Bernd wäre meine Schrift nicht zustande gekommen. Sie sei ihm deshalb in Freundschaft und Dankbarkeit gewidmet!

Bonn, im Sommer 2024

Heinz Schott

---

1 https://www.derstandard.at/story/2815491/ausstellung-cartoons-aus-dem-new-yorker (18.01.2024); dazu erschien eine Publikation von Michael Freund, siehe https://d-nb.info/979764785 (18.01.2024).

2 Julia Quante*: Freud im Spiegel von Karikaturen*, Psychologie und Gesellschaftskritik, 38 (2014) 3, 75-97, https://nbn-resolving.org/urn:nbn:de:0168-ssoar-57121-3 (04.03.2024).

3 Ebd., S. 75.

## Wie Freud Karikaturen deutet

Sigmund Freud gehört wohl zu jenen historischen Persönlichkeiten, die bei Karikaturisten oder Cartoonisten, wie der modischere Ausdruck heute lautet, durchaus beliebt sind. Schon zu seinen Lebzeiten war er ein (scheinbar) dankbares Objekt ihrer Kunst. Auch 85 Jahre nach seinem Tod im Londoner Exil am 23. September 1939 ist seine Popularität auf diesem Gebiet ungebrochen und hat nach der Jahrtausendwende eher noch zugenommen. Was hat das zu bedeuten? Für die Künstler, für die Betrachter, für den »Zeitgeist«, für ein Verständnis von Freuds Leben und Werk – und *last but not least* für mich selbst als Autor dieser Studie?

Zunächst einmal sollten wir zur Kenntnis nehmen, wie Freud selbst Karikaturen einschätzte. Am ausführlichsten hat er sich mit ihnen in seiner Monografie *Der Witz und seine Beziehung zum Unbewußten* (1905) befasst. Darüber hinaus finden sich in seinen *Gesammelten Werken* (London 1940-1952) nur noch vereinzelte Textpassagen, in denen das Wort »Karikatur« beiläufig vorkommt. Welchen Stellenwert hat nun die genannte Monografie über den Witz im gesamten Œvre Freuds? Immerhin gehört sie zu den drei großen Schriften, mit denen er die Psychoanalyse begründete. *Die Traumdeutung* (1900), sein Hauptwerk, stellt das Ergebnis seiner Selbstanalyse dar, wodurch er die psychoanalytische Behandlungstechnik begründen und das psychodynamische Modell des Unbewussten (»psychischer Apparat«) konstruieren wollte. *Die Psychopathologie des Alltagslebens* (1904) sollte zeigen, dass die Fehlleistungen in all ihren verschiedenen Formen im Grunde demselben verborgenen Konflikt im Seelenleben entspringen, wie der (rätselhafte) Traum. In *Der Witz und seine Beziehung zum Unbewußten* (1905) geht es Freud schließlich nicht mehr um Träume während des Schlafs oder Fehlleistungen während des Wachlebens, also Produktionen des Unbewussten, sondern um bewusst und mit gewisser Kunstfertigkeit vorgebrachte Äußerungen, die sich unmittelbar an ein Publikum richten. Traum, Fehlleistung und Witz, dem Freud die Karikatur zurechnet, haben ihm zufolge zwei Wesensmerkmale gemeinsam: (1) In ihnen drückt sich das unterdrückte, verdrängte Unbewusste symptomatisch ( quasi neurotisch) aus; es tut dies, indem es sich entstellt und so vom Bewusstsein in seiner Intention nicht erkannt wird, es arbeitet insofern schöpferisch (nach dem Vorbild der Traumarbeit); (2) dem innerpsychischen Machtkonflikt steht ein überindividueller sozialer Machtkonflikt gegenüber, insofern verschränken sich bei Freud beide Sphären. Schon in der Gründungsphase seiner Psychoanalyse zu Beginn des 20. Jahrhunderts deuten sich jene drei Dimensionen von Freuds Lehre an, die eng aufeinander bezogen waren: Selbstanalyse (Selbsttherapie), Fremdanalyse (psychoanalytische Behandlung) und Gesellschaftsanalyse (Gesellschaftskritik). Diesen Dreischritt schilderte er in einem Brief an Romain Rolland vom Jänner 1936:

*»Sie wissen, meine wissenschaftliche Arbeit hatte sich das Ziel gesetzt, ungewöhnlich, abnorme, pathologische Erscheinungen des Seelenlebens aufzuklären, das heißt, sie auf die hinter ihnen wirkenden psychischen Kräfte zurückzuführen und die dabei tätigen Mechanismen aufzuzeigen. Ich versuchte dies zunächst an der eigenen Person, dann auch an anderen, und endlich in kühnem Übergriff auch am Menschengeschlecht im Ganzen.«*[4]

Wenn der rätselhafte Traum eine unbewusste Revolte gegen das Bewusstsein ohne äußere Manifestation und insofern eine asoziale Erscheinung ist, ist auch die Fehlleistung eine solche unbewusste Revolte, die sich allerdings äußerlich manifestiert und sich insofern im Sozialleben bemerkbar macht. Die Karikatur ist jedoch wie der Witz oder die Parodie eine Art *bewusste* Revolte gegen die Obrigkeit, die darauf abzielt, diese zu attackieren, zu delegitimieren, lächerlich zu machen. Freud hat hierfür klare Worte gefunden. Es geht um »die Befreiung vom Druck« einer herrschenden Autorität, wobei Witz und Karikatur dieselbe Funktion haben:

*»Die Verhinderung der Schmähung oder beleidigenden Entgegnung durch äußere Umstände ist ein so häufiger Fall, daß der tendenziöse Witz mit ganz besonderer Vorliebe zur Ermöglichung der Aggression oder der Kritik gegen Höhergestellte, die Autorität in Anspruch nehmen, verwendet wird. Der Witz stellt dann eine Auflehnung gegen solche Autorität, eine Befreiung von dem Drucke derselben dar. In diesem Moment liegt ja auch der Reiz der Karikatur, über welche wir selbst dann lachen, wenn sie schlecht geraten ist, bloß weil wir ihr die Auflehnung gegen die Autorität als Verdienst anrechnen.«*[5]

Die »Auflehnung gegen die Autorität« entlastet also, sie befreit. Freud verwendet hierfür noch einen anderen Ausdruck: »Herabsetzung« eines »erhabenen Objekts«. Nichts anderes besagt die bildhafte Redewendung »jemanden vom Sockel stoßen«. Man stelle sich ein Denkmal für eine zu verehrende Gestalt vor: einen Fürsten, einen Kriegshelden oder einen großen Musiker. Die betreffende Statue steht auf einem mehr oder weniger prächtigen Sockel. Diese vom Sockel zu stoßen, bedeutet eine gewaltige Herabsetzung, ja Verneinung ihrer Erhabenheit, Vernichtung ihrer Ehrwürdigkeit. Bei Revolutionen gehört es zu den üblichen Ritualen, die Standbilder der verabscheuten Herrscher oder Diktatoren zu zerstören.

*»Karikatur, Parodie und Travestie, sowie deren praktisches Gegenstück: die Entlarvung, richten sich gegen Personen und Objekte, die Autorität und Respekt beanspruchen, in irgendeinem Sinne erhaben sind. Es sind Verfahren zur Herabsetzung, wie der glückliche Ausdruck der deutschen Sprache besagt.«*[6]

---

[4] Sigmund Freud: *Brief an Romain Rolland (Eine Erinnerungsstörung auf der Akropolis)*, in: Gesammelte Werke, Bd. 16, S. 250.

[5] Sigmund Freud: *Der Witz und seine Beziehung zum Unbewußten*, in: Gesammelte Werke, Bd. 6, S. 114 f.

[6] A. a. O., S. 228.

*»Die Karikatur stellt die Herabsetzung bekanntlich her, indem sie aus dem Gesamtausdrucke des erhabenen Objekts einen einzelnen an sich komischen Zug heraushebt, welcher übersehen werden mußte, solange er nur im Gesamtbilde wahrnehmbar war. Durch dessen Isolierung kann nun ein komischer Effekt erzielt werden, der sich auf das Ganze in unserer Erinnerung erstreckt. Bedingung ist dabei, daß nicht die Anwesenheit des Erhabenen selbst uns in der Disposition der Ehrerbietung festhalte. Wo ein solcher übersehener komischer Zug in Wirklichkeit fehlt, da schafft ihn die Karikatur unbedenklich durch die Übertreibung eines an sich nicht komischen. Es ist wiederum kennzeichnend für den Ursprung der komischen Lust, daß der Effekt der Karikatur durch solche Verfälschung der Wirklichkeit nicht wesentlich beeinträchtigt wird.«*[7]

Letztlich geht es um die »komische Lust«, die durch die Karikatur wie durch die anderen Formen der Komik erzeugt wird. Doch diese Lust kann (ohne Gefahr) nur genossen werden, wenn die besagte Herabsetzung des Erhabenen in den Grenzen des Schicklichen, Erlaubten bleibt. Diese hängen wiederum von den politischen Machtverhältnissen ab. In totalitären Systemen kann eine gewagte Karikatur oder ein frecher Witz gefährlich, ja tödlich sein. Meine Großmutter erzählte immer wieder die Geschichte eines entfernten Verwandten, der beim Verkauf von Heringen einmal rief: »Hering, so fett wie der Göring!« Er wurde umgehend in ein »Himmelfahrtskommando« der Wehrmacht abkommandiert und fiel kurze Zeit später an der Ostfront. Ein Meister der politischen Satire im totalitären Staat war der Kabarettist Werner Finck, dessen subtilen Witze über nationalsozialistische Missstände anwesende Gestapo-Spitzel überlisten konnten. Dass Karikaturen ihren Urheber lebensgefährlich werden und sogar weltweite Ausschreitungen auslösen können, zeigen beispielsweise jene Mohammed-Karikaturen, die 2005 in der dänischen Tageszeitung *Jyllands-Posten* erschienen sind. Wer sich über geheiligte Verkörperungen einer totalitär gesinnten Religionsgemeinschaft lustig macht, hat nichts zu lachen – ebenso wenig wird man bei einem totalitären System auf Gegenliebe stoßen, über dessen Potentaten man in der Öffentlichkeit tunlichst keine Witze reißt.

Freud war kein Sozialrevolutionär – im Gegensatz zu manchen seiner Anhänger, die etwa im Verein mit dem Marxismus die Gesellschaft umkrempeln wollten. Gleichwohl bedeutete sein Denken eine Revolte gegen herrschende gesellschaftliche Verhältnisse, indem es auf die Autonomie des Einzelnen, seine »Ich-Stärke« abzielte. So witzig, belustigend oder belehrend uns die nun folgenden Karikaturen auch vorkommen mögen – ihre Instrumentalisierung der Psychoanalyse sollte uns nicht vergessen lassen, was ihr Urheber über diese Art der Bildenden Kunst zu sagen wusste.

[7] A. a. O., S. 229.

## Der ikonische Freud mit Zigarre

*Abb. 1*

Das bekannteste Porträtfoto von Freud stammt aus dem Jahr 1921. (Abb. 1) Es wurde von seinem Schwiegersohn Max Halberstadt aufgenommen. Man erblickt einen bärtigen Mann im Alter von 65 Jahren, der ernst und nachdenklich den Betrachter ansieht und dabei ostentativ in der rechten Hand zwischen Zeige- und Mittelfinger eine Zigarre von sich wegweisend hält, deren Ende bereits zu Asche geworden ist. Die Stirnglatze glänzt im Licht, die schütteren Haare sind zurückgekämmt und bilden einen gewissen Kontrast zum ebenfalls kurz geschnittenen weißen Vollbart. Der Körper ist leicht nach rechts beziehungsweise das Gesicht leicht nach links gedreht, was eine Hinwendung zum Betrachter markiert und den Eindruck erweckt, Freud schaue ihn direkt an. Sein Blick ist ebenso nach innen wie nach außen gerichtet, versonnen wie ausforschend zugleich. Dieses Foto hat wie kein anderes das ikonische Freud-Bild geprägt. Hier sind wir also direkt mit dem allseits bewunderten Begründer der Psychoanalyse auf dem Höhepunkt seines Ruhms konfrontiert.

*Abb. 2*

Es ist deshalb nicht verwunderlich, dass Grafik-Designer gerade auf dieses Foto gerne zurückgreifen. Es gibt zahlreiche Porträtfotos von Freud in verschiedenen Lebensaltern und -situationen. Aber kein anderes lässt ihn auch nur annähernd so majestätisch aussehen wie dieses – als einen Lehrmeister, der mit der Zigarre in der Rechten wie mit einem Zeigestock auf ein unsichtbares Reich hinweist, das im Bild nicht eingefangen werden kann. So diente es Grafikern als Passepartout für ihre diversen Einfälle und Botschaften. Solche illustrativ gestalteten Porträts gibt es auch von anderen berühmten Persönlichkeiten, die auf ikonische Abbildungen – in vorfotografischen Zeiten auf Gemälde oder Zeichnungen – zurückgreifen. Ein bekanntes Beispiel ist das von Andy Warhol geschaffene Beethoven-Poster, das wie andere seiner Werke große Popularität erlangt hat. Auf ein solches, der Pop-Art nachempfundenes Porträt im Format einer Postkarte liegt hier vor. (Abb. 2) Dort wird exakt das Porträtfoto in farbigen Flächen ausgemalt, wobei die Hauptkennzeichen hervorgehoben werden: auf den Betrachter gerichteter Blick, weißer kurzgeschnittener Vollbart, wegweisende Zigarre. Jeder kann auf den ersten Blick erkennen, wer da gemeint ist. Ein Begleittext ist verzichtbar und würde die Identifikation nur stören.

Häufiger finden wir das unveränderte Porträtfoto mit einem Text kombiniert, wobei die Verwendung eines Freud-Zitats naheliegt. Dieses kann im Sinne einer Lebensweisheit positiv sein: *»Gegen Angriffe kann man sich wehren, gegen Lob ist man machtlos«*. (Abb. 3) Es ist typisch, dass solche Zitate ohne Quellenangabe gewissermaßen in der Luft hängen. Den Produzenten solcher Grafiken scheint es nicht der Mühe wert zu sein, dem Ursprung des von ihnen benutzten Zitats nachzugehen. Die Vielzahl der im Internet frei verfügbaren Zitatsammlungen, die in der Regel keine Quellenangaben aufweisen, verführt dazu, sich ohne Aufwand nach Belieben zu bedienen. Plakative Zitate von prominenten Persönlichkeiten haben die Eigenart, sich – ungeachtet ihrer historischen Echtheit – wie Klone zu vermehren. Ein flotter Satz bietet sich zur Vervielfältigung viel eher an, als kompliziertere Formulierungen. Die Parodie, vorgetragen von prominenten Kabarettisten – heute *Comedians* genannt – kann dem parodierten Original eine Formulierung unterschieben, die von der Masse diesem zugeschrieben wird. Als Beispiel sei der Satz des Oberkommissars Derrick genannt, der zu seinem Mitarbeiter sagt: *»Harry, hol' mal schon den Wagen!«* Dieser Satz wurde zu einem Merkzeichen der Krimi-Serie. Wörtlich ist er in den 281 Folgen aber nie gesagt worden.[8] Er wurde von Harald Schmidt in seinen Derrick-Parodien in der TV-Sendung »Schmidteinander« als Running Gag mehrfach eingesetzt und auf diese Weise zu einem geflügelten Wort.[9] Doch zurück zum obigen Zitat: *»Gegen Angriffe kann man sich wehren, gegen Lob ist man machtlos.«* Es weist zwei typische Merkmale auf: Zum einen ist

8 https://www.dw.com/de/harry-hol-schon-mal-den-wagen/a-876453 (17.12.2023).

9 https://www.cosmiq.de/qa/show/1661656/Harry-fahr-schon-mal-den-Wagen-vor/ (17.12.2023).

die genaue Quelle nicht angegeben, lediglich der Name des Autors prangt auf dem Bild, zum anderen wird der ursprüngliche Text nicht exakt wiedergegeben. Am 10. Mai 1926 schrieb Freud an Marie Bonaparte: *»Überhaupt, wenn mich jemand beschimpft, kann ich mich verteidigen; wenn mich aber jemand lobt, bin ich wehrlos.«*[10] Doch unabhängig von der Tatsache, dass das Zitat verfälscht wurde, bestätigen beiden Fassungen das Erhabene des Meisters und erfüllen insofern nicht das Kriterium einer Karikatur.

*Abb. 3*

[10] Sigmund Freud: *Briefe 1873-1939*. Zweite, erweiterte Aufl., Frankfurt am Main, 1968, S. 383.

*Abb. 4*

Es zeugt von wenig Kreativität, nach diesem Muster Ansichtskarten zu produzieren. Aber es ist für einen Produzenten wahrscheinlich kostengünstig. Die folgende Karte ist genauso arrangiert, nur diesmal mit einem anderen Spruch garniert: *»Wenn wir die Gründe für das Verhalten der anderen verstehen könnten, würde plötzlich alles einen Sinn ergeben.«* (Abb. 4) Diese Aussage ist wenig markant, letztlich ein Allgemeinplatz. Aber die Aura des Meisters soll sie als etwas Tiefsinniges hervorheben – und natürlich zum Kauf der Karte anregen. Das Zitat taucht im Internet vielfach in verschiedenen Zusammenhängen auf, teilweise auch als Werbeslogan für bestimmte Dienstleister auf dem Gesundheitsmarkt. Allerdings ist nirgends die genaue Quelle angegeben, auch nicht die betreffende Schrift von Freud, aus dem es entnommen ist. Jedenfalls ist es in seinen *Gesammelten Werken* nicht nachweisbar, wie die Recherche beim Portal *freud-online.de* ergibt.[11] Freilich könnte es aus dem sehr umfangreichen Briefwechsel stammen. Aber auch in der einschlägigen Zitaten- und Aphorismen-Sammlung *Freud wörtlich,* welche diesen einbezieht, ist es nicht zu finden.[12] Freilich könnte es von einem anderen Autor stammen (etwa Sigismund von Radecki) und irgendwann einmal Freud zugesprochen worden sein und seither als Freud-Zitat firmieren.

*Abb. 5*

---

[11] http://freud-online.de/Texte/PDF/freud_werke_alle_bd.pdf (05.01.2024).

[12] *FREUD wörtlich. Zitate & Aphorismen*, ausgewählt von Hannes Etzlstorfer & Peter Nömaier, Wien, 2011.

Es kommt nur ausnahmsweise vor, dass nach diesem Muster – Porträtfoto in Kombination mit einem Freud-Zitat – *nicht* das ikonische Foto von 1921 verwendet wird. (Abb. 5) Die stilisierte Zeichnung auf dieser Ansichtskarte entspricht Porträtfotos aus den 1920er Jahren, kann aber nicht eindeutig einem bestimmten zugeordnet werden. Der Text lautet: *»Niemals sind wir so verletzlich, als wenn wir lieben.«* Auch dieses Zitat ist verfälscht. In der Schrift *Unbehagen in der Kultur* heißt es nämlich: *»Niemals sind wir ungeschützter gegen das Leiden, als wenn wir lieben […].«*[13] Auch hier hat das verfälschte Zitat ein Eigenleben entfaltet und im Internet die Oberhand gewonnen.

*Abb. 6*

[13] Sigmund Freud: *Das Unbehagen in der Kultur*, in: Gesammelte Werke, Bd. 14, S. 441.

Im Gegensatz zu den bisher gezeigten Grafiken handelt es sich beim *»Neurosenzüchter«* eindeutig um eine Karikatur. (Abb. 6) Anstelle der Zigarre hält Freud eine Rosenschere mit roten Griffen in der Hand und darüber auf der Höhe von Freuds Kopf sieht man das Resultat seiner Arbeit: die abgeschnittene Blüte einer roten Rose. Diese Konstellation ist tatsächlich witzig. Der Grafik-Designer macht sich den Hauptgegenstand der Psychoanalyse, die »Neurosen«, als Kalauer zunutze, indem er ihn mit »Rose« assoziierte, ein Objekt für Rosenzüchter. Doch die Herabsetzung liegt nicht darin begründet, sondern in der Unterstellung, dass *dieser* Rosenzüchter Freud als Neurosenzüchter etwas tut, was einem normalen Rosenzüchter nicht in den Sinn käme: nämlich die Zerstörung der Rose, indem er sie köpft. Noch eine weitere Assoziation kommt hinzu: Der Psychoanalytiker züchtet Neurosen, bringt sie gewissermaßen zum Blühen, um ihnen dann den Kopf abzuschneiden. Der sarkastische Aphorismus von Karl Kraus aus dem Jahr 1913 kommt einem da in den Sinn: *»Psychoanalyse ist jene Geisteskrankheit, für deren Therapie sie sich hält.«*[14] Karl Kraus war ein Meister der sprachlichen Karikatur, die als Witz auf einem herabsetzenden Wortspiel beruht. Genauer kann man den wunden Punkt der Psychoanalyse nicht treffen: nämlich die ihrer Methode inhärente Gefahr, dass Konstruktionen des Analytikers jene Symptomatik mitgestalten, die zu therapieren er sich anschickt. Es gibt in der Entstehungsphase der Psychoanalyse ab Mitte der 1890er Jahre eine erhellende Episode. Freud, den eine enge Freundschaft mit dem Berliner HNO-Arzt Wilhelm Fließ verband und der als sein *alter ego* ein wichtiger Gesprächspartner während seiner Selbstanalyse war, überwarf sich mit ihm in dem Augenblick, als Fließ die Ergebnisse seiner analytischen Methode kritisch hinterfragte. Freud schrieb ihm nach ihrem letzten Treffen am Thumsee im Sommer 1901: *»Du bist hier an die Grenze Deiner Scharfsichtigkeit gekommen, nimmst Partei gegen mich und sagst mir, was alle meine Bemühungen entwertet: ›Der Gedankenleser liest bei den anderen nur seine eigenen Gedanken.‹ Wenn ich so einer bin, so wirf mein Alltagsleben nur ungelesen in den Papierkorb.«*[15]

Das Porträtfoto diente als Vorlage für einen weiteren Kalauer: *»PINK FREUD«*. (Abb. 7) Jeder Betrachter denkt unwillkürlich an *Pink Floyd*, die berühmte englische Rockband. Freilich hat deren Name keinen Bezug zur Farbe *pink*, sondern ist eine aus zwei Eigennamen verehrter Musiker zusammengesetzter Künstlername.[16] Der pink eingefärbte Freud – eben »PINK FREUD« – zieht die historische Gestalt in die ihr völlig fremde Welt von Rockstars einer späteren Epoche. Sie wird sozusagen eingemeindet in den Sound der jedem bekannten und von vielen geliebten Popmusik. Diese kalauernde Karikatur ist nach meinem Eindruck harmlos im

[14] https://falschzitate.blogspot.com/2017/10/die-psychoanalyse-ist-die-krankheit-die.html (17.12.2023)

[15] Brief vom 07.08.1901; vgl. Sigmund Freud: *Aus den Anfängen der Psychoanalyse. Briefe an Wilhelm Fließ [...]*. London, 1950, S. 358.

[16] https://www.wikiwand.com/de/Pink_Floyd (120.12.2023).

Vergleich zu der vom »Neurosenzüchter«, die auf die Fragwürdigkeit der psychoanalytischen Behandlungsmethode selbst anspielt.

*Abb. 7*

Das ikonische Porträtfoto von 1921 zeigt auch -- in unterschiedlicher Bearbeitung – Freud mit einem Fes (auch Fez genannt), einer typisch orientalischen Kopfbedeckung, die im osmanischen Reich verbreitet war und nach der gleichnamigen marokkanischen Stadt benannt ist. (Abb. 8) Das etwa 80 Zentimeter hohe Bild lehnt an einer Couch, die mit einer hellen Decke verhüllt ist, auf der ein rotes und ein orangenes Kissen liegen. Das rote harmoniert mit dem roten Fes und überwölbt ihn wie ein kleiner Baldachin. Wir haben es hier mit einem Zeitungsausschnitt zu tun. Das Bild im Bild stellt nur auf den ersten Blick eine Karikatur im üblichen Sinn dar.

Die vorliegende Abbildung zeigt tatsächlich einen kleinen Ausschnitt aus einem Szenenfoto der französischen Filmkomödie *Auf der Couch in Tunis* (2020).[17] Dt sitzt neben dem Freud-Bild die iranische Hauptdarstellerin Golshifteh Farahani auf dem Boden an die Couch angelehnt, eine junge Psychotherapeutin, die aus Paris in ihre alte marokkanische Heimat zurückgekehrt ist und hier in ihrem Berufsleben die merkwürdigsten Dinge erlebt. So analysiert der Film eine Gesellschaft im Umbruch mit all ihren Sonderlichkeiten und Verwerfungen – mit Freud'scher Couch als Katalysator auf fremdem Terrain.

*Abb. 8*

[17] https://de.wikipedia.org/wiki/Auf_der_Couch_in_Tunis (19.12.2023); https://www.morgenpost.de/kultur/article229611484/Auf-der-Couch-in-Tunis-Freud-mit-Fes.html (19.12.2023).

Man stößt im Internet auf weitere Karikaturen, die Freud mit witziger Kopfbedeckung zeigen, auch solche mit Fes. So ist er etwa auf dem Umschlagdeckel eines *»Sigmund Freud Spiralblocks«* zu sehen, der für 13,41 Euro zum Kauf angeboten wird.[18] (Abb. 9) Möglicherweise wurde diese Gestaltung vom oben erwähnten Film angeregt, wie sonst sollte ein Grafik-Designer ausgerechnet auf einen Fes kommen? Soweit mir bekannt ist, hat Freud keine Reisen auf den Balkan oder in orientalische beziehungsweise nordafrikanische Länder unternommen, in denen der Fes verbreitet war. Zumindest kenne ich keine entsprechenden Fotos.

*Abb. 9*

---

[18] https://www.redbubble.com/de/i/notizbuch/Sigmund-Freud-von-DariaStones/104634896.WX3NH (20.12.2023).

## Ein Lüstling mit nackter Frau im Kopf

Zu den provokanteren Freud-Karikaturen gehört das Vexierbild *»What's on a man's mind«*. (Abb. 10) Es existiert in zahlreichen Varianten und wird als Karte, Poster, Amulett oder auch Büste im Internet zum Kauf angeboten. Möglicherweise hatten entsprechende Zeichnungen ursprünglich keinen Bezug auf Freud. Genauere Informationen hierzu liegen mir allerdings nicht vor. Diese Karikatur ist in doppelter Hinsicht bissig. Zum einen spielt sie auf Freuds spektakuläre Sexualtheorie an und unterstellt, dass dieser wohl nichts anderes als eine nackte hübsche Frau im Kopf

*Abb. 10*

habe, die sich wollüstig räkelt; zum anderen wird Freud hier mit betonter Hakennase („Judennase") als Jude kenntlich gemacht. Diese Konstellation erinnert freilich an das antisemitische Klischee vom lüsternen Juden, der unzüchtigen Phantasien nachhängt und bei Gelegenheit Frauen verführt oder direkt vergewaltigt. Ähnliche Karikaturen aus NS-Propagandaschriften, insbesondere aus *Der Stürmer*, sind hinlänglich bekannt. Von daher verbieten sich heute solche Zeichnungen. Wie kommt (der mir unbekannte) Grafiker zu solch einer Darstellung? Ich glaube nicht, dass wir es hier mit dem Werk eines Antisemiten zu tun haben, der das Judentum Freuds aufspießen wollte. Wahrscheinlich war ihm diese Assoziation aufgrund historischer Unkenntnis gar nicht bewusst. Wer jedoch um die rassenbiologischen Zusammenhänge weiß, wird über die Karikatur nicht mehr wirklich lachen können.

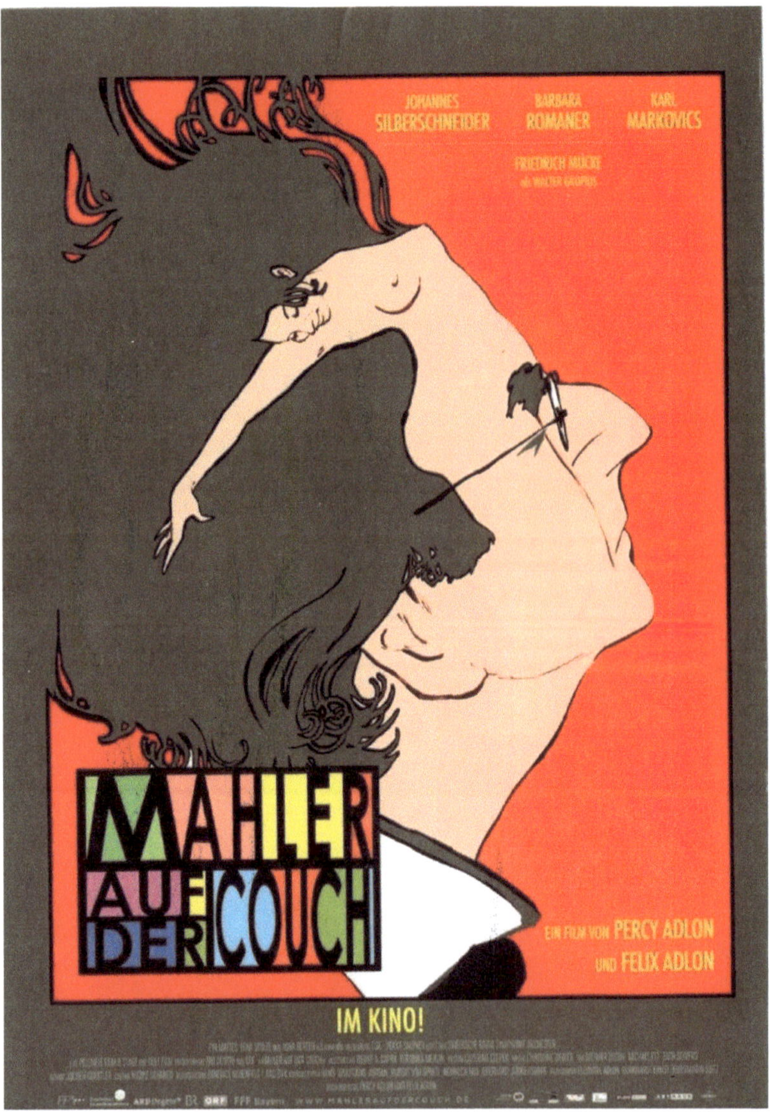


*Abb. 11*

Die »Judennase« galt nicht nur in der antisemitischen Propaganda als ein markantes Rassemerkmale, sondern auch in medizinischen Lehrbüchern der Rassenhygiene.[19] Inwieweit es gerechtfertigt ist, die vorliegende Karikatur tatsächlich als ein Erzeugnis des Antisemitismus einzuschätzen, sei dahingestellt.

Nun lässt sich das Bild *»What' on a man's mind«* auch zu Werbezwecken nutzen, die über seinen direkten Verkauf hinausgehen. Als Beispiel sei auf das Filmplakat zu *»Mahler auf der Couch«* (2010) verwiesen, das auch als Ansichtskarte gedruckt wurde. (Abb. 11) Tatsächlich führte Freud bei Mahler ein Kurztherapie während eines Urlaubs in Leiden (Holland) während eines Spaziergangs durch, wobei die Couch keine Rolle spielte und eine filmische Fiktion darstellt. Doch nicht Freud mit einer verführerischen Frau im Kopf wird hier dargestellt, sondern Gustav Mahler (dargestellt von Johannes Silberschneider), der seinerzeit (auch) sexuelle Probleme mit seiner sehr viel jüngeren Ehefrau Alma (dargestellt von Barbara Romaner) hatte, die sich hier in seinen Kopf schmiegt. Trotz Hakennase erinnert das Bild *nicht* an antisemitischen Zeichnungen. Der Kopf ist nach oben gerichtet und erscheint ohne Bart hell und klar – im Gegensatz zum finsteren Eindruck, den Freud mit seinem dunklen Bart macht. »Jüdische Dunkelmänner« mit wollüstigem Ansinnen war wie gesagt ein bekanntes antisemitisches Klischee der NS-Propaganda.

## Selbstanalyse: selten karikiert

Die Bedeutung der Selbstanalyse ist für die Entstehung und Begründung der Psychoanalyse in theoretischer wie praktischer Hinsicht kaum zu überschätzen. Freud, der neurowissenschaftliche Grundlagenforschung am Physiologischen Institut der Universität Wien betrieben hatte, dann als Nervenarzt psychotherapeutisch tätig war und in seiner Praxis Hypnose und Suggestionstherapie anwandte, begann 1895, sich mit seinen eigenen Träumen auseinanderzusetzen und sie zu deuten. Er beschreibt diese Methode der Selbstanalyse in *Die Traumdeutung* (1900), seinem Hauptwerk, das in erster Linie das Ergebnis seiner Selbstanalyse darstellt.[20] Es ist bemerkenswert, dass die berühmte Couch bei der Selbstanalyse keine Rolle spielt. Freud sitzt am Schreibtisch und notiert sich seine Einfälle zu seinen Träumen. *Die Traumdeutung* zeigt Freud als einen Schriftsteller, der die Geschichte seiner Entdeckung konstruiert und damit zugleich die Funktionsweise des Seelenlebens schlechthin erklären will. Wir wollen jedoch nicht auf die Freud'sche Lehre im Einzelnen eingehen, sondern lediglich die Wichtigkeit der Selbstanalyse hervorheben.

---

19 Vgl. u. a. Otmar von Verschuer: *Leitfaden der Rassenhygiene.* Leipzig: Thieme, 1941, S. 127.

20 Vgl. Heinz Schott: *Zauberspiegel der Seele. Sigmund Freud und die Geschichte der Selbstanalyse*. Göttingen, 1985.

*Abb. 12*

Ich kenne nur eine einzige Karikatur, die auf den Begriff *»Selbstanalyse«* hinweist. (Abb. 12) Sie deklariert Selbstanalyse als »Sprechen mit sich selbst«, was 50% Ermäßigung ermögliche. Der Analytiker als Pfeife rauchender Nichtstuer schaut zur Tür herein und fragt: »Na! Wie fühlen wir uns jetzt?« Der Patient liegt entspannt auf einer roten Couch und schaut in die Luft. Dieses Setting hat mit Freuds Selbstanalyse, dem Ursprung der Psychoanalyse, nichts zu tun. Denn sie wurde primär am Schreibtisch durchgeführt, und Freud hatte natürlich keinen Analytiker, der zur Tür hätte hereinschauen können. Die Karikatur verkennt auch die Bedeutung des »Sprechens mit sich selbst« im Sinne des »freien Assoziierens«. Jede Psychoanalyse beruht insofern auf einer Selbstanalyse des Patienten, als der Analytiker nur derjenige ist, auf den der Analysand seine Phantasien und Emotionen übertragen und die jener lediglich widerspiegeln soll. Aber solche Umstände muss der Karikaturist natürlich nicht beachten, um eine witzige Wirkung zu erzielen: Der Patient hat nämlich immer noch 50% der Behandlungskosten zu zahlen, obwohl der Analytiker nichts leistet, außer seine Couch zur Verfügung zu stellen. Im Grund wäre es für Ersteren billiger, sich zu Hause hinzulegen.

Die Selbstanalyse, dargestellt mit einer einzigen am Schreibtisch sitzenden Person, eignet sich kaum für Karikaturen. Auch die vorliegende Karikatur greift auf das typische Setting zurück. Sie kann auf die zweite Person in Gestalt des Analytikers ebenso wenig verzichten wie auf die Couch als unerlässliches Attribut der Psychoanalyse.

## Sehnsüchte von Patienten

Die Couch symbolisiert die Psychoanalyse wie die Äskulapschlange die Apotheken oder das Stethoskop die Ärzte. Kein anderer Gegenstand wird so sehr mit der Psychoanalyse identifiziert wie dieses Möbelstück. Freuds Couch in seiner Wiener Praxis übte eine Faszination aus, die in gewisser Weise mit Franz Anton Mesmers magnetischem Kübel (*baquet*) in Paris vor der Französischen Revolution zu vergleichen ist, ungeachtet des epochalen Unterschieds. Bei Mesmer handelt es sich um ein sensationelles Gruppenspektakel, das alle Gesellschaftsschichten ansprach, während Freuds Methode auf die Einzeltherapie ausgerichtet war, für die sich vor allem Intellektuelle und Künstler interessierten, auf die Freuds Lehre vom Unbewussten eine starke Anziehungskraft hatte. Patienten auf einer Couch ruhen zu lassen, war kein plötzlicher Einfall von Freud. Er hatte diese Praxis schon als hypnotisierender Nervenarzt in den 1890er Jahren angewendet. So beschrieb er eine Kopf-an-Kopf-Situation, in der er mit seiner Hand auf die Stirn des Patienten drückte, wenn er ihn dabei unterstützen wollte, sich an unterdrückte Erlebnisse zu erinnern. Von dieser »Druckprozedur«, wie er sie nannte, existiert zwar kein Foto, aber er schildert sie explizit in den zusammen mit Josef Breuer herausgegebenen *Studien über Hysterie*.[21] Wie aus diversen Fotografien ersichtlich, stand die Couch mit ihrer linken Längsseite an der Wand, das Kopfende befand sich also für den Betrachter auf der linken Seite. Quer zu ihm stand – dem Raum zugewandt – der Sessel für den Analytiker. Seine linke Armlehne grenzte also unmittelbar an das Kopfende der Couch, das in einem Winkel von etwa 45 Grad angehoben war. Dies ist auf dem authentischen Foto zu sehen, das Edmund Engelman im Mai 1938 kurz vor Freuds Emigration nach London angefertigt hat.[22]

Meine Skizze richtet sich nach diesem Foto. (Abb. 13). Sie zeigt die wesentlichen Elemente dieser ursprünglichen Konstellation, die vermutlich unverändert seit Freuds Bezug der Wohnung im Jahr 1891 bestand. Links neben der Couch steht der Sessel mit einem Fußschemel davor; die Couch ist belegt mit einer dekorativen Decke, auf ihrem erhöhten Kopfteil befinden sich zwei Kissen, am Fußende liegt eine Decke, in geringer Entfernung davon erhebt sich ein Kaminofen in der Ecke.

---

[21] *»Ich weiß natürlich, daß ich solchen Druck auf die Stirne durch irgendein anderes Signal oder eine andere körperliche Beeinflussung des Kranken ersetzen könnte, aber wie der Kranke vor mir liegt, ergibt sich der Druck auf die Stirne oder das Fassen seines Kopfes zwischen meinen beiden Händen als das Suggestivste und Bequemste, was ich zu diesem Zwecke vornehmen kann.«* Sigmund Freud: *Zur Psychotherapie der Hysterie;* Sigmund Freud: Zur Psychotherapie der Hysterie (projekt-gutenberg.org) (29.01.2024).

[22] Edmund Engelman: *Berggasse 19. Sigmund Freuds Domizil*. Stuttgart; Zürich, 1977, Abb. 11. Bildbeschreibung hierzu von Rita Ransohoff auf S. 140 (siehe umseitig).

Die Bildbeschreibung von Rita Ransohoff schildert anschaulich, wie der darauf liegende Patient sich wohl fühlen mochte: *»Auf der Couch türmten sich Kissen, so daß sich der Patient in halb sitzender, sehr bequemer Lage befand. Behagen und Wohlbefinden sind ohnehin die vorherrschenden Eindrücke in diesem Zimmer; im Kachelofen am Fußende prasselte das Feuer, die seitlich am Ofen befestigten Gefäße wurden regelmäßig mit Wasser aufgefüllt, so daß für Luftfeuchtigkeit gesorgt war. Der Patient konnte sich mit der bereitliegenden Wolldecke vor Luftzug schützen. Freud pflegte neben der Couch in dem Lehnstuhl mit hohem Fußschemel zu sitzen. Der Raum ist in spätviktorianischem Stil mit Gegenständen überladen, auf geordnete, überlegte, ›interessante‹ Weise. Die Antiquitäten haben ihren Platz, sie drängen sich nicht vor. Die einfache Tapete wirkte fast düster; Muster und Farben im Raum stammen von den orientalischen Teppichen auf dem Fußboden, auf der Couch und an der Wand.«*

*Abb. 13*

Zusammen mit Freud emigrierte 1938 auch seine Couch, wo sie heute im Sigmund Freud Museum London zu besichtigen ist. Sie wird wohl »für immer« dortbleiben. (Abb. 14 sowie Coverbild) Und wie es so mit Museumsstücken passiert: Sie verwandeln Gebrauchsgegenstände in Exponate, die aus ihrem ursprünglichen Zusammenhang herausgerissen sind (in diesem Fall besonders krass) und in eine museale Ordnung integriert werden. So gibt es, nach den Fotos zu urteilen, in London keinen Kachelofen am Fußende der Couch mehr.

Es ist auffällig, dass kein Foto von einer analytischen Behandlung mit klassischem Setting existiert. Freud ist im Lauf seines Lebens in verschiedenen Umgebungen und Posen fotografiert worden: alleine, zu zweit oder in einer Gruppe, am Schreibtisch, im Freien, als stämmiger Mann und als gebrechlicher Greis im Liegestuhl. Aber kein einziges Mal als im Sessel sitzender Analytiker mit einem auf der Couch liegenden Patienten neben sich – so, als entziehe sich die psychoanalytische Praxis der Sichtbarmachung wie eine sakrale Handlung im Allerheiligsten. Es ist anzunehmen, dass Freud diese spezielle Bildlosigkeit bewusst gepflegt hat. Andere Psychotherapeuten beziehungsweise Nervenärzte, man denke etwa an Fotos von ärztlichen Hypnosen, haben sich sehr wohl fotografieren lassen, wie die spektakulären Aufnahmen von Charcot in Paris zeigen.

*Abb. 14*

In den folgenden Karikaturen sind »Behagen und Wohlbefinden« (Ransonoff) sicher kein hervorstechendes Merkmal. So sucht man eine Decke für den auf der Couch liegenden Analysanden vergebens, ebenso den hohen Fußschemel für die Füße des Analytikers – vom Kachelofen, den Bildnissen an der Wand und den Skulpturen in der Vitrine ganz zu schweigen. Die unkomfortable, missliebige Situation für Analytiker wie Analysand zeigt die Ansichtskarte, auf der der Analytiker verzweifelt ausruft: *»Wissense was? Suchens sich ´ne Talkshow.«* (Abb. 15) Er sitzt nicht in einem bequemen Sessel, sondern auf einem niedrigen Hocker, in der linken

Hand Notizblock und Füller, mit der rechten hält er die Brille und verdeckt zugleich die Augen. Der Witz soll wohl darin liegen, dass der Analytiker in seiner wichtigsten Aufgabe versagt: nämlich aufmerksam zuzuhören und den Analysanden zum Aussprechen seiner spontanen Einfälle zu ermuntern. Insofern wird er hier zur Witzfigur, die ihren Beruf verfehlt hat. Zugleich wird die psychoanalytische Methode mit einer Talkshow identifiziert und somit lächerlich gemacht, oder, um mit Freud zu sprechen, in ihrer Erhabenheit herabgesetzt.

*Abb. 15*

Ein eigenes Genre von Psychoanalyse-Karikaturen bilden Darstellungen, wo auf der Couch liegende Patienten alltägliche Wünsche äußern, die wegen ihrer Banalität vor dem Hintergrund unbewusster Triebregungen witzig wirken – so etwa, wenn eine Frau sich wünscht, dass sie durch die Therapie auch als Mensch wachse, *»wenigstens meine Brüste«*. (Abb. 16) Immerhin ist hier das originale Setting insofern gewahrt, als der Analytiker in einem Sessel quer zum Kopfende der Couch sitzt. Typischerweise hält er sein Schreibgerät in Händen und ist Bart- und Brillenträger. Die meisten Karikaturisten unserer Sammlung haben sich dieses Klischees bedient. Eine Ausnahme stellt die Karikatur dar, wo eine Klientin davon schwärmt, auf der Couch liegen zu dürfen: *»Sie glauben gar nicht, wie sehr ich das genieße. – Zu Hause ist die Couch ja ständig von meinem Mann belegt.«* (Abb. 17).

Der Analytiker trägt keinen Bart und hält auch keinen Notizblock und Schreibstift in Händen. Er schaut nur konsterniert über die Ränder seiner Brille hinweg. Bei dieser Einstellung der Patientin erscheint die psychoanalytische Therapie als Farce.

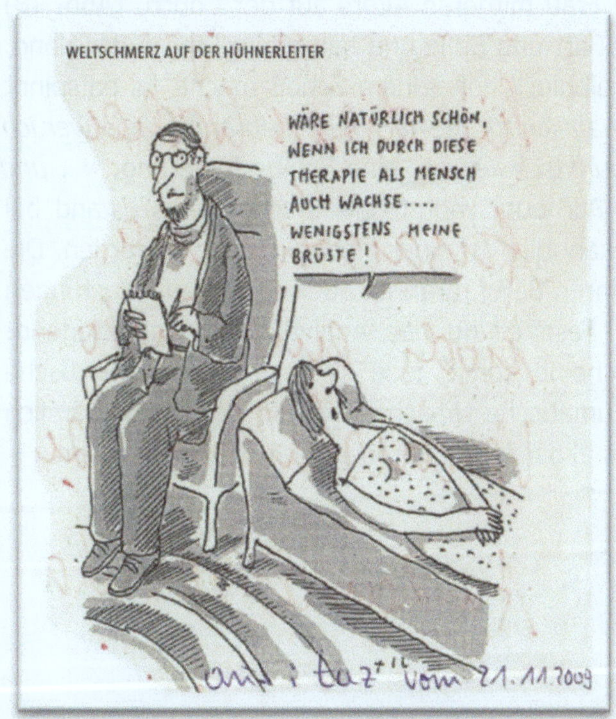


*Abb. 16*

*Abb. 17*

## Was Analytikern so einfällt

Auch in dieser Karikatur liegt eine Frau mittleren Alters auf der Couch. (Abb. 18) Und auch hier trägt der Analytiker Bart und Brille und hält einen Stift in der Hand, womit er sich Notizen in den Schreibblock auf seinem Schoß macht. Es entspinnt sich ein Wortspiel. Sie sagt: *»Erst hab' ich für meinen Beruf gebrannt, dann war ich für ein paar Jahre in einer Brennpunktschule ...«* Seine Schlussfolgerung: *»... und jetzt sind Sie ausgebrannt.«* Das Burnout-Syndrom als Erschöpfungszustand bei dauerhafter Stressbelastung ist bekanntlich zu einer Modediagnose geworden. Die Patientin brannte ursprünglich für ihren Beruf, brannte aber unter den Belastungen einer Brennpunktschule aus. Die Feststellung des Analytikers ist naheliegend: »ausgebrannt«. Im Grunde erscheint somit jede weitere psychoanalytische Tiefenbohrung überflüssig, die traumatische Ursache liegt auf der Hand: nämlich die »Brennpunktschule«, wie sie im allgemeinen Sprachgebrauch genannt wird.[23]

*Abb. 18*

[23] https://de.wiktionary.org/wiki/Brennpunktschule (02.02.2024).

Auf dieser Karikatur ist zwar ein etwas jünger aussehender Analytiker mit den üblichen Attributen (Bart, Brille, Schreibgerät) zu sehen. (Abb. 19) *»Ich bin süchtig nach Lea's Schampus-Zabaione!«*, sagt die Frau. Das ist offenbar für den Analytiker selbst so verlockend, dass er aus seiner Rolle herausspringt und sagt: *»Bevor wir über das Problem Reden, diktieren Sie mir mal das Rezept.«* Endlich kann er etwas für sich praktisch Verwertbares niederschreiben. Die Karikatur dient wohl auch zur Illustration eines Rezepts zur Herstellung von Weinschaumcreme (*Zabaione*) in einem Kochbuch.[24]

*Abb. 19*

Eine weitere Karikatur zum Thema Appetit und Essverhalten zeigt eine andere Reaktion des Analytikers. (Abb. 20) Er sitzt diesmal ohne Bart und Schreibgerät im Sessel. Die korpulente Frau verkündet mit geschlossenen Augen und heiterer Miene: *»Es fängt mit Kummer an, wird zur Depression, steigert sich von tiefer Depression hin zu depressiver Wut und endet mit ...« – »Sachertorte?«* wirft der grimmig blickende Analytiker ein. Indem er nicht der psychologischen Fährte folgt, um nach

[24] Die Seite mit Karikatur und Rezept liegt mir vor. Peter Gaymann ist vermutlich auch der (Mit)Verfasser des betreffenden Kochbuchs, das ich nicht identifizieren konnte.

einer tiefsinnigen Ursache für die ihm ins Auge fallende Fettleibigkeit der Patientin zu suchen, sondern direkt ihr Essverhalten anspricht, wirkt der Dialog witzig. Weitere Tiefenbohrungen scheinen überflüssig, die Sachertorte liefert die Erklärung – und der Betrachter muss unwillkürlich lächeln.

*Abb. 20*

Komisch wirkt auch die Situation, in der ein Analytiker die Patientin für *»plemplem«* erklärt – und diese empört mit dem Vorwurf reagiert: *»Sollten Sie nicht eigentlich ZUHÖREN?«* (Abb. 21) Treffender kann man das Aneinander-Vorbeireden nicht darstellen: Für den Analytiker steht die Diagnose schon fest, während die Patientin auf einen verständnisvollen Analytiker hofft, der sich durch professionelles Zuhören auszeichnet. Die Karikatur spielt mit dem Klischee des desinteressierten

Analytikers, der nur scheinbar zuhört, was sich hier durch das offene Aussprechen *»Sie sind plemplem«* äußert. Insofern offenbart sich für einen skeptischen Betrachter der Psychoanalyse die vermutete Untiefe der psychoanalytischen Situation.

*Abb. 21*

Das Aneinander-Vorbeireden wird auch in einer Karikatur mit drei Bilder veranschaulicht. (Abb. 22) Der Patient will offenbar von seinem Stress mit den modernen Kommunikationsmitteln berichten (*»mit dem Handy telefonieren«*, *»SMS schreiben«*), worauf ihm der Analytiker rät: *»Wechseln Sie das Ohr. Nutzen Sie die Freisprechfunktion.«* Der Patient denkt, wie in der Sprechblase zu lesen ist: *»Ich rede von Stress. Er von Handystrahlen. Mit ihm kann man wunderbar aneinander vorbeireden.«* Das Versagen des Analytikers wird also dankbar wahrgenommen.

*Abb. 22*

## Psychoanalyse als Geschäftsmodell

Die psychoanalytische Behandlungsmethode war von jeher mit populären Verdächtigungen konfrontiert, etwa dass der Analytiker eigentlich gar nichts tue, noch nicht einmal richtig zuhöre, oder dass er im Grund alles gemäß seiner Theorie schon wisse und nur aus geschäftlichen Gründen die vielen Therapiestunden durchführe. In einer Karikatur bestätigt der Analytiker den letzteren Verdacht, wenn er sagt: *»Wir können jede Woche eine Sitzung machen. Oder ich sage Ihnen gleich, dass Ihre Mutter schuld ist.«* (Abb. 23) Die schlichte und für diesen Karikaturisten typische Art der Strichzeichnung zeigt die klassische analytische Zweiersituation in minimalistischer Form. Der Witz liegt in dem ehrlichen Angebot des Analytikers, anstelle zahlloser Sitzungen der Patientin gleich reinen Wein über die Ursache ihrer psychischen Störung einzuschenken: die pathogene Mutter. Diese »Blitzdiagnose« spielt vermutlich auf die insbesondere von Vertretern der Antipsychiatrie propagierte These von der »schizophrenogenen Mutter« an.[25]

*Abb. 23*

25 https://www.wikiwand.com/de/Schizophrenogene_Mutter (27.12.2023).

Die klassische psychoanalytische Behandlung zeichnet sich – verglichen mit anderen psychotherapeutischen Verfahren – durch eine lange Behandlungsdauer mit regelmäßigen und unter Umständen mehrfachen Sitzungen pro Woche aus. Die Frage, ob die Behandlung nicht auch erheblich kürzer sein könnte und wer letztlich ihre Dauer bestimmt, liegt auf der Hand. Schließlich geht es, sehen wir von der eventuellen Übernahme beziehungsweise Rückerstattung der Kosten durch Krankenkassen einmal ab, um ziemlich viel Geld. In dieser Karikatur wird die Problematik vom Analytiker direkt angesprochen: *»Sie beschäftigen sich schon seit längerem mit dem Euro, nun, da werden wir mit einer Sitzung wohl nicht auskommen.«* (Abb. 24) Es ist klar, dass sich auch der Analytiker mit dem Euro beschäftigt, insofern er mehr oder weniger viele Sitzungen veranschlagt, um dem Problem gerecht zu werden. Die Psychoanalyse als Geschäftsmodell wird durch mehrere Bildelemente unterstrichen: Der Patient erscheint mit Krawatte und Aktentasche am Kopfende der Couch als typischer *businessman* und der Analytiker sitzt in einem Bürostuhl näher an seinem Schreibtisch als an der Couch. Der Ausdruck von Gesicht und Körperhaltung sowie der Glatzkopf erinnern eher an die Aggressivität eines Ermittlers bei der Kriminalpolizei oder eines Bankdirektors bei der Kundenberatung als an einen Psychoanalytiker.

*Abb. 24*

Im Dialog zwischen einem jungen Patienten und seinem Analytiker geht es ebenfalls ums Geld. (Abb. 25) Der Junge auf der Couch sagt: *»Mein Vater schlägt mich und bezahlt die Therapie.«* Worauf der Analytiker die lapidare Frage stellt:

*»Hat er mich empfohlen?«* Worin besteht der Witz? Er könnte darin bestehen, dass der Analytiker dem Vater als erfolgloser Therapeut bekannt ist, der am Zustand seines Sohnes wenig ändern wird und er ihn deshalb weiter verprügeln kann, um ihn dann zum Analytiker zu schicken. Der Vater wäre dann ein Sadist. Sein Verhalten käme dann auch dem Analytiker zugute, da die Behandlung des Jungen und damit die Bezahlung des Analytikers fortgesetzt werden muss. Doch diese Erklärung erscheint mir nicht ganz plausibel, um die mögliche witzige Wirkung der Karikatur zu erklären. Ist sie überhaupt witzig?

*Abb. 25*

## Geplagte Lehrer

*Abb. 26*

Lehrer gelten in der Öffentlichkeit als schwierige Zeitgenossen, die alles besser zu wissen scheinen und denen ein Hang zur Belehrung ihrer Mitmenschen nachgesagt wird. Dass der Lehrerberuf aber mit Stress verbunden ist und leicht zu einem Burnout führen kann, steht außer Frage, wie wir bereits gesehen haben (Abb. 18). In der Karikatur auf der vorigen Seite klagt der Lehrer auf der Couch über mangelnden Respekt. (Abb. 26) Das Tonband auf dem Sessel hinter ihm sagt,

*Abb. 27*

während der Analytiker im Nebenraum ein Fußballspiel im Fernsehen verfolgt und sich einen Schluck Wein aus der Flasche genehmigt: *»Interessant. Reden sie weiter.«* Selbst bei der psychoanalytischen Behandlung wird dem armen Lehrer kein Respekt entgegengebracht. Denn der Analytiker hört ihm nicht zu und speist seinen Patienten mit einer automatischen Aufforderung zum Weiterreden ab. Auch hier wird mit dem Klischee gespielt, dass Analytiker Sprechautomaten gleichen können, die nur das Reden der Analysanden am Laufen halten wollen, um sich anderweitig vergnüglich die Zeit zu vertreiben.

Die Leiden eines Lehrers werden auch in einer Bilderserie geschildert. (Abb. 27) Er muss sich mit schlechten Schülern herumplagen, den Eltern gegenüber das Gegenteil verkünden, ist mit Beschwerden und Intrigen belastet und hat sich schließlich noch mit der Finanz- und Verwaltungsbürokratie herumzuschlagen. Als er auf die Frage des Analytikers nach seiner Gehaltsstufe antwortet: *»Ich bin Schulleiter!«* entfährt diesem der Stoßseufzer: *»Oh Gott ...«*. Eine einst angesehene Position mit höherer Gehaltsstufe erscheint nun als bedauernswertes Berufsunglück. Der bärtige Analytiker mit Brille, Anzug, Krawatte und Schreibblock sitzt in einem prächtigen Sessel, neben ihm hängt ein Diplom mit der Aufschrift: »Dr. psych. G. Freud jun.« an der Wand (das »od« oder »cd« vor dem »G« ist nicht verständlich). Es bleibt das Geheimnis des Karikaturisten, warum er »G.« und nicht »S. Freud jun.« geschrieben hat.

## Entspannung auf der Couch

Körpermassage und Psychoanalyse haben etwas gemeinsam: Der zu Behandelnde liegt auf einer waagerechten Unterlage, nämlich einer Liege beziehungsweise Couch. Die beiden Behandlungsarten haben medizinisch im weitesten Sinn dieselbe Zielsetzung: Krankheitssymptome zu lindern oder zum Verschwinden zu bringen, indem eine körperliche oder seelische Verkrampfung gelöst wird und eine Entspannung eintritt. In den vier Bildern dieser Karikatur wird dies thematisiert. (Abb. 28). Der Physiotherapeut kommt mit der muskulären Verspannung des Patienten nicht zurecht: *»Sorry, das kriege ich mit meiner Massage nicht hin.«* Er fordert den auf dem Bauch liegenden Patienten auf, sich umzudrehen. Damit verwandelt sich das physiotherapeutische Setting in eine psychoanalytisches und der Masseur schlüpft in die Rolle des Analytikers. Er hat auf einem Stuhl Platz genommen, hält das obligatorische Schreibgerät in Händen und sagt nun mit bedeutsamer Miene: *»Erzählen Sie mir ein bisschen von Ihrer Kindheit.«* Der Witz liegt in der blitzschnellen und komplikationslosen Verwandlung einer physiotherapeutischen in eine psychoanalytische Behandlung, was natürlich in der Realität unmöglich ist.

Abb. 28

AM RANDE DER GESELLSCHAFT
VON HAUCK & BAUER
Sie sind ja völlig verspannt.
Sorry, das kriege ich mit einer Massage nicht hin. Bitte mal umdrehen.

Erzählen Sie mir ein bisschen aus Ihrer Kindheit.
H&B

Die Entspannung auf der Couch ist auch in der folgenden Karikatur thematisiert. (Abb. 29) Sie besteht aus einer Folge von sechs Bildern. Im Unterschied zur vorhergehenden sind wir hier mit einer sozial bedingten Verspannung konfrontiert: Eine verzweifelte Frau zerrt ihren (aus ihrer Sicht) unartigen Knaben zum Analytiker und redet aufgeregt auf ihn ein, bricht schließlich in Tränen aus. Das Ende von der Geschichte: Sie liegt ruhig auf der Couch, hinter ihr der sitzende Analytiker, auf der anderen Seite der Zimmerwand der Knabe mit unverändert unschuldiger Miene. Diese Karikatur kommt anders als alle anderen, die wir untersucht haben, ohne Text aus. Die Botschaft ist einfach: Nicht der Knabe ist behandlungsbedürftig, sondern die Mutter.

*Abb. 29*

In dieser Karikatur wird die psychische Störung des Patienten nicht von seelischen Konflikten abgeleitet, die mit Hilfe eines Analytikers umständlich aufgeklärt werden müssten. (Abb. 30) Die Diagnose des Analytikers ist lapidar: *»Sie sind nicht depressiv. Sie haben einfach nur ein beschissenes Leben!«* Das kling nach »gesundem Menschenverstand«. Das »beschissene« Lebensumstände seelisch krankmachen können, ist eine Binsenweisheit, wozu keine tiefenpsychologischen Reflexionen nötig zu sein scheinen. Eine Verbesserung dieser realen Lebensumstände liegt jedoch (zumeist) außerhalb der Reichweite einer psychoanalytischen Behandlung, deren Durchführung unter solchen Bedingungen letztlich absurd ist.

*Abb. 30*

Diese markante Strichzeichnung zeigt das psychoanalytische Setting in äußerst reduzierter Form. Sie verzichtet auf alles Beiwerk und zeigt nur schematisch den sitzenden Analytiker und den auf der Couch liegenden Patienten. Die Umrisszeichnung genügt vollauf, um die Gedanken des Betrachters unweigerlich auf die Psychoanalyse zu lenken.

Die Karikatur »Schule nach der Pandemie« zeigt anstelle des Lehrers einen Analytiker mit Brille, Bart und Schreibblock vor der Klasse sitzen, während die Schüler mit gefalteten Händen auf couch-ähnlichen Liegen ruhen, den Kopf auf ein Kissen gebettet. (Abb. 31) Offenbar will die Karikatur auf die psychischen Schäden bei den Schülern hinweisen, die infolge der Lockdowns und anderer Corona-Maßnahmen entstanden sind – statt Schulunterricht ist jetzt Gruppentherapie angesagt. Die Szene erinnert an Entspannungsübungen, wie sie etwa bei Kursen für Autogenes Training üblich sind, wobei dort in der Regel Bodenmatten als Unterlage ausreichen. Durch die typische Figur des Analytikers auf dem Sessel sitzend und die an eine Couch erinnernde Liegen denkt der Betrachter automatisch an Psychoanalyse und die neurotischen Störungen, die sie beheben soll.

Schule nach der Pandemie. SZ-ZEICHNUNG: DENIS METZ

*Abb. 31*

## Nikolaus, Jesus und Gott im Visier

Ein Grenzfall der psychoanalytischen Konstellation ist dann gegeben, wenn das Wesen auf der Couch zwar noch menschliche Gestalt hat, aber zugleich einer imaginären Welt angehört, wie etwa ein Nikolaus. (Abb.32) Der beklagt sich: *»Ich gebe so viel und es kommt nichts zurück«*. Derweil schaut der Analytiker hilf- und sprachlos aus der Wäsche. Was kann er darauf noch antworten? Die Rolle des Nikolaus als gern gesehener Geschenkebringer wird plötzlich in ungewohnter Art doppelbödig: Dass er auch gerne Geschenke empfangen würde, dass er selbst eine empfindsame Seele habe, ist im herkömmlichen Verständnis nicht recht vorstellbar. Der Witz besteht in diesem plötzlichen Perspektivwechsel, der sich auf der Couch offenbart.

*Abb. 32*

In einer anderen Karikatur mit dem Nikolaus-Motiv bleibt der Analytiker nicht stumm. (Abb. 33) Auf die Bemerkung des Nikolaus auf der Couch: *»Geschmückte Tannen lösen bei mir große Angst aus«* antwortet der Analytiker mit der Gegenfrage: *»Hat ihre Mutter Schmuck getragen?«* Er trägt ein Eichenblättern nachgebildetes Elchgeweih und macht ein listiges Gesicht. Die Entzauberung des Nikolaus ist hier noch deutlicher als in der vorherigen Abbildung. Er hat nicht nur Angst vor etwas, das eigentlich zu seinem Wirkungskreis gehört, sondern bekommt vom Analytiker gleich noch die Deutung mitgeliefert: Der Tannenbaum signalisiert demnach nur die Mutter, die dem kleinen Nikolaus früher Angst eingeflößt hat.

*Abb. 33*

Das Liegen auf einer Couch in mehr oder weniger entspannter Rückenlage lässt unwillkürlich an das psychoanalytische Setting denken, auch wenn kein Analytiker im Bild zu sehen ist. Zumindest mir geht es so beim Betrachten dieser Karikatur. (Abb. 34) Ist es nicht logisch, dass kein Analytiker gebraucht wird, wenn anstelle des Patienten Gott höchstselbst auf der Couch liegt und wir es hier mit einer Art von göttlicher Selbstanalyse zu tun haben? *»Alle Achtung, in sieben Tagen die Welt erschaffen, jetzt mache ich erst mal ein Nickerchen bis zum Jüngsten Gericht.«* Er lächelt zufrieden mit unter den Kopf geschobenen Händen. Sein langes weißes

Gewand, das an ein Nachthemd erinnert, bildet einen farblichen Kontrast zum Rot des Sofas. Warum liegt der liebe Gott nicht in einem Himmelbett, auf einem Liegestuhl oder einer Holzliege? Oder auf einer weißen Wolke oder einer grünen Wiese mit Gänseblümchen? Gehen wir davon aus, dass der Zeichner nicht die Psychoanalyse im Sinn hatte. Unbewusst könnte er gleichwohl vom beliebten Couch-Motiv angeregt worden sein, dessen Gebrauchswert sich in der Welt der Karikaturisten einfach bewährt hat.

*Abb. 34*

Unter den hier gezeigten Karikaturen sticht eine heraus, die den Rahmen sowohl formal als auch inhaltlich sprengt: formal, weil anstelle der Couch ein Kreuz steht und inhaltlich, weil anstelle eines Patienten der ans Kreuz genagelte Christus zu sehen ist. (Abb. 35) Der Analytiker sitzt mit übergeschlagenen Beinen gemütlich auf seinem Stuhl vor dem Gekreuzigten und fragt ihn: *»Wie ist das Verhältnis zu ihrem Vater?«*. Dieser schaut mit zerknirschtem Gesicht und großen Augen herunter auf den Analytiker. Bekanntlich hat Christus am Kreuz verzweifelt Gott angerufen: *»Mein Gott, mein Gott, warum hast Du mich verlassen?«*[26] Der Zeichner eines solchen Bildes wäre einst hierzulande wegen Gotteslästerung hart bestraft worden – ähnlich wie es in der Gegenwart Zeichnern von Mohammed-Karikaturen im Geltungsbereich der Scharia passieren kann. Heute kann er – Gott sei Dank – gefahrlos und, ohne Aufsehen zu erregen, seine Ansichtskarten verkaufen.

*Abb. 35*

[26] Matthäus 27,46; Markus 15,34.

## Was man so alles auf die Couch legen kann

Nun gibt es Karikaturen, die anstelle des Patienten merkwürdige Objekte oder besser gesagt: Subjekte – Tiere oder Gegenstände – auf der Couch platzieren, etwa ein Huhn. (Abb. 36) Die Legehenne vergießt Tränen und hält sich mit ihren Flügeln den dicken Bauch, während der Analytiker genüsslich ein Ei isst und zu ihr sagt: *»Schmeckt aber wie von glücklichen Hühnern.«* Die von der Werbung häufig benutzte Topos, dass bestimmte Nahrungsmittel wie Milch und Eier von »glücklichen« Tieren stammen, etwa von auf Wiesen weidenden Kühen oder von freilaufenden Hühnern, wird hier desavouiert – durch ein einzelnes unglückliches Huhn auf der Couch. Zugleich erscheint der Analytiker im Zwielicht: Ist er zynisch oder unsensibel? Beide Einstellungen würden seinem Berufsethos fundamental widersprechen. In diesem Fall ist wohl eher die moderne Tierhaltung im Visier des Karikaturisten als die Psychoanalyse.

*Abb. 36*

Eine andere Karikatur zeigt eine Schmeißfliege als Patientin auf der Couch. (Abb. 37) Der Analytiker in klassischer Haltung und mit den üblichen Attributen fragte sie: *»Wollen wir heute über ihre Angst vor Spinnen reden oder über Scheisse?«* Spinnen sind für die Fliege lebensbedrohlich, und die Angst vor ihnen hätte einen realen Grund und wäre durchaus verständlich, wenn wir ihr menschliches Empfinden unterstellen. Es ist bekannt, dass sich Schmeißfliegen auch an Kot laben, und die Frage des Analytikers, ob die Fliege lieber über »Scheisse« reden möchte, ist nach menschlichem Empfinden degoutant, aber für das Tier eine ganz natürliche Sache. Das Reizwort »Scheisse« verursacht eine kognitive Dissonanz, die witzig wirkt. Hier ist sie gerade nicht metaphorisch als Hinweis auf neurotisches Elend, sondern buchstäblich gemeint.

*Abb. 37*

Ein verzweifelter Vogel klagt auf der Couch: *»Von morgens bis abends... immer nur singen, zwitschern und tirilieren!!!«* (Abb. 38) Darauf denkt der Analytiker in klassischem Outfit: *»Einfach mal die Fresse halten!«* Er schaut dabei auf ein großes, an die Wand angelehntes Bild, auf dem eine Frauengestalt in Umrissen zu sehen ist, deren Mund mit einem großen Heftpflaster zugeklebt ist. *»Mutti«* ist es unterschrieben. Erinnert sich der Analytiker an seine eigene Mutter, die wie ein Vogel drauflos plapperte und der er als Kind gerne den Mund verklebt hätte? Vielleicht ist diese Reaktion als Ausdruck einer Gegenübertragung zu verstehen, wobei der Patient seinerseits Emotionen beim Analytiker hervorruft, die dieser unter Kontrolle zu bringen hat.

*Abb. 38*

Es gibt freilich auch weniger harmlose Tiere auf der Couch, etwa einen Hund mit großem Maul, aus dem die Vorderzähne lugen, der sagt: *»It's the mailman, doc. He scares me.«* (Abb. 39) Das Problem des armen Hundes: Er beißt den Postboten, weil er Angst vor ihm hat. Damit wird die reale Situation verkehrt: Tatsächlich hat der Postbote Angst vor dem bissigen Hund. »Hund beißt Postbote« ist keine außergewöhnliche Überschrift in Zeitungsmeldungen. »Postbote beißt Hund« dagegen erscheint als eine witzige Verkehrung der Realität, womit diese Karikatur spielt und den Betrachter schmunzeln lässt.

"It's the mailman, doc. He scares me."

*Abb. 39*

Eine sehr ähnlich komponierte Karikatur desselben Zeichners zeigt ein Krokodil mit riesigem Maul, aus dem die typischen Sägezähne hervorlugen. (Abb. 40) Es klagt über eine Gewohnheit, die ihm offenbar Skrupel bereitet: *»Sie kennen doch diese jungen niedlichen Vögelchen, die so vertrauensvoll im Maul eines Krokodils umherwandern? Nun, ich habe gerade diese kleinen Kerlchen gegessen wie Popcorn.«* Was als natürlicher Reflex eines Raubtiers erscheint, wird hier in eine menschliche Perspektive gerückt. Man unterstellt dem Tier, es könne sich dagegen entscheiden, seine Beute nicht »wie Popcorn« zu fressen. Dem Analytiker stehen die spärlichen Haare zu Berge, während er sich missmutig Notizen macht.

"You know those teeny tiny little birds that walk around so trustingly inside a crocodile's mouth? Well, I just been eatin' those little guys like popcorn."

*Abb. 40*

Die Couch lässt sich mit den seltsamsten »Patienten« bestücken, der Phantasie von Karikaturisten sind da keine Grenzen gesetzt. So klagt eine Spielente ihr Leid*: »Ich hasse mich!«* (Abb. 41) Es handelt sich um die berühmte Tigerente, die Janosch in seinem Kinderbuch *Oh, wie schön ist Panama* (1978) kreiert hat.[27] Warum diese Ente aus Holz sich selbst hasst, ist eine offene Frage. In der Geschichte zieht sie der Kleine Tiger, der wie sie selbst gelb-schwarz gestreift ist, auf ihren Rollen hinter sich her. Was mag wohl ein solches Spielzeug, das zur Passivität verdammt ist, empfinden? Wer hat auch je gefragt, was in der Seele dieses armen Wesens vorgehen mag? Hasst es sich, weil es absolut dem Willen seines Herrn ausgeliefert ist und sklavisch hinter ihm her rollen muss?

*Abb. 41*

---

[27] https://www.wikiwand.com/de/Oh,_wie_sch%C3%B6n_ist_Panama (03.01.2024).

Auch ein Fußball kann auf die Couch zu liegen kommen. (Abb. 42) Die Unterschrift der Karikatur lautet: *»Wie ist dem Ärmsten nur zu helfen? Sigmund Freud.«* Unverkennbar sitzt er höchstselbst an der Kopfseite der Couch und schaut sorgenvoll auf den armen Ball hinunter. Dieser denkt unterdessen an den Fußballstiefel, der ihn tritt. In der Tat: Er hat ein tragisches Schicksal zu erdulden, nämlich im Spiel pausenlos getreten zu werden. Ihm ist letztlich nicht zu helfen, da sein Daseinszweck darin besteht, getreten zu werden. Daran kann auch der beste Analytiker nichts ändern und jede Psychoanalyse erscheint absurd.

**Wie ist dem Ärmsten nur zu helfen?** *Sigmund Freud.* *Illustration: Karl Thomas/Superbild*

*Abb. 42*

Die Ansichtskarte *»Chamäleon«* fällt etwas aus dem Rahmen: Anstelle eines sitzenden Analytikers steht hier eine stattliche, nicht mehr ganz junge Frau an der Seite der Couch, genauer besehen einer Chaiselongue. (Abb. 43) Darauf lümmelt sich angeblich ein Chamäleon (das mich allerdings eher an einen Laubfrosch denken lässt) mit verschränkten Armen und verschmitzt-höhnischem Ausdruck. Obwohl hier also das klassische Setting fehlt, liegt die Assoziation mit Freuds Couch nahe. In meinen Augen spielt die Karikatur auf das Märchen vom Froschkönig an, in dem sich ein hässlicher Frosch in einen schönen königlichen Jüngling verwandelt. Das Alter und der skeptische Gesichtsausdruck der Frau deuten jedoch darauf hin, dass die Hoffnung auf eine glückliche Verwandlung sich nicht erfüllt hat und der Ehegatte ein hässlicher Frosch geblieben ist, der sich da auf der Chaiselongue breitgemacht hat. Auch wenn die Psychoanalyse nicht explizit thematisiert wird, verströmt das Bild eine gewisse psychoanalytische Aura.

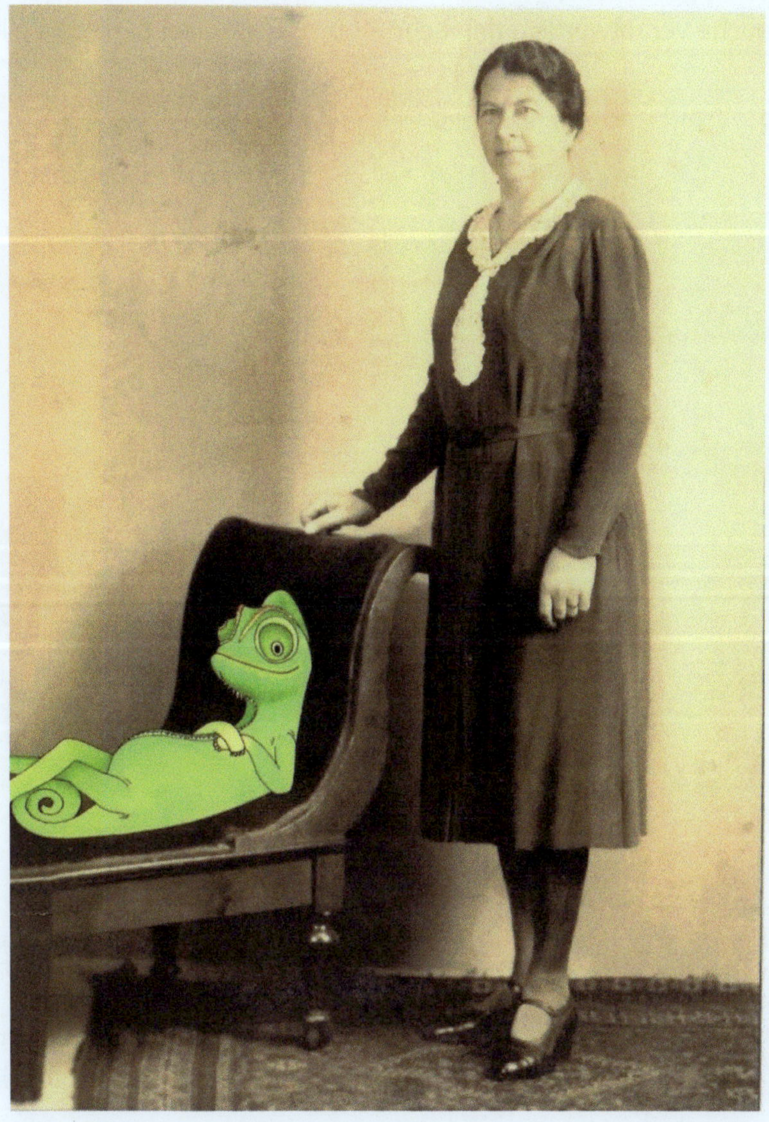

*Abb. 43*

Das herausragende Symbol während der Corona-Krise war die stachelige Kugel, die das Virus SARS-CoV-2 darstellen sollte. Auch dieses hat seinen Weg auf die Couch gefunden. (Abb. 44). Doch anders als die vorhergehenden Karikaturen bleibt diese nicht im privaten Bereich, sondern verweist auf die politische Sphäre, die wir im nächsten Kapitel vorstellen. Das arme Virus beklagt die chaotische und widersprüchliche Corona-Politik, die den Regelunterricht in der Schule, die Abstandsregeln und die Maskenpflicht betrifft. *»Das ist doch zum Verzweifeln! Das macht mich ganz irre! Das treibt mich in den Wahnsinn!!«* Die politische Botschaft Karikatur wird in der Unterschrift klar: *»Das arme Virus weiß gar nicht mehr, wie es sich angesichts der administrativen Widersprüche verhalten soll.«* Während der Corona-Krise entstanden unzählige Karikaturen mit der Stachelkugel, die in dieser Zeit als bedrohliches Ideogramm überall zu sehen war.[28] Die politische Botschaft der Karikatur wird aus dem Untertitel ersichtlich: *»Das Gute am Föderalismus«.* Damit wird indirekt der Föderalismus, die bundesstaatliche Verfassung der Bundesrepublik Deutschland, für die desaströsen Folgen der Abwehrmaßnahmen gegen die Seuche verantwortlich gemacht – ob zu Recht, sei dahingestellt.

*Abb. 44*

**Das Gute am Föderalismus**

---

[28] Vgl. Heinz Schott: Mentale Ansteckung, geistige Epidemie. Anmerkungen eines Medizinhistorikers zur Corona-Krise; in: *Der Corona-Elefant. Vielfältige Perspektiven für einen konstruktiven Dialog,* Hg. von Konstantin Beck u.a., Zürich, 2022, S. 278-296.
Eine kleine Serie von Corona-Karikaturen habe ich hier zusammengestellt: https://heinzgustavdotcom.files.wordpress.com/2022/10/schott-halle-2022-virus-bilder-pdf.pdf (03.01.2024).

## Tagespolitik auf der Couch

Die psychoanalytische Couch ist für Karikaturisten offenbar ein probates Passepartout, um aktuelle politische Probleme und Kontroversen witzig darzustellen. Unsere Auswahl gibt einen Einblick in tagespolitisch bewegende Ereignisse. Eine Karikatur zeigt den seinerzeit umstrittenen FDP-Vorsitzenden Philipp Rösler in ungewöhnlicher Position auf der Couch: Er liegt auf dem Bauch, Arme und Beine sind stramm an eine Feuerwerksrakete mit der Aufschrift FDP gefesselt. (Abb. 45) Die Zündschnur brennt. Der Analytiker fragt: *»Seit wann haben sie diese Angst vor dem neuen Jahr, Herr Rösler?«* Jedem Betrachter und wohl auch jedem damals politisch interessierten Zeitgenossen ist klar, was dem in sein Notizbuch blickenden vergeistigten Analytiker wohl entgangen ist. Die Karikatur erschien im General-Anzeiger (Bonn) am 28. Dezember 2012. Rösler, seinerzeit Bundeswirtschaftsminister und Vizekanzler sowie Bundesvorsitzender der FDP, befand sich nach dem Rücktritt seines Generalsekretärs Christina Lindner in politischen Turbulenzen. Er konnte also aus sehr realen Gründen Angst haben, im neuen Jahr »abgeschossen« zu werden.

*Abb. 45*

Vor allem personalpolitische Fragen eignen sich, auf die Couch gelegt zu werden. Dies ist auch bei dieser Zeitungskarikatur der Fall, die am 24. Dezember 2017 erschien. (Abb. 46) Die CSU liegt als bayerischer Löwe – die Symbolfigur des Freistaats – auf der Couch, der nicht weiß, welchen Kopf er sich aufsetzen soll: Söder oder Seehofer. Der Analytiker fragt mit unwirschem Gesichtsausdruck: *»Und … wo ist das Problem?«* Offensichtlich übernimmt er hier die Rolle des erstaunten Bürgers beziehungsweise Parteigenossen, der das Dilemma nicht verstehen kann oder will. Die Karikatur spielt auf den Machtkampf zwischen den genannten Exponenten an, der schließlich damit endete, dass Seehofer 2018 als Ministerpräsident und 2019 auch als Parteivorsitzender Söder weichen musste.

*Abb. 46*

Eine Karikatur mit Bundeskanzlerin Angela Merkel spielt auf die Abhöraffäre an. (Abb. 47) Die Unterschrift lautet: *»Ihre Verfolgungspsychose ist nun Realität.«* Der Analytiker im Hintergrund sagt: *»Kein Grund zur Sorge, Frau Bundeskanzlerin …«* Währenddessen lugen unterm Bett und Teppich sowie durchs Fenster mehrere Exemplare des lauschenden Uncle Sam hervor. Die betreffende Ausgabe der Zeitung erschien am 25. Oktober 2013, als im Zusammenhang mit der globalen Überwachungs- und Spionageaffäre bekannt wurde, dass auch Merkels Handy durch

US-Geheimdienste abgehört wurde.[29] So ist diese Karikatur ein Beispiel für die Illustration tagesaktueller Ereignisse. Inwiefern sie tatsächlich witzig ist, sei dahingestellt. Auf mich selbst wirkt sie nicht besonders erheiternd.

*Abb. 47*

Wie sehr diese Bundeskanzlerin Klienten auf der Couch beschäftigt, zeigen die beiden folgenden Karikaturen. Auf der einen klagt Sigmar Gabriel *»tja, und da sitzt diese Frau da oben wie festmontiert, alle finden sie toll, obwohl sie kaum was macht, und da soll man daran glauben, sie jemals ABLÖSEN zu können ...«.* (Abb. 48) Gabriels maßloser Ehrgeiz wird auf die Schippe genommen, indem der Karikaturist den Analytiker sagen lässt: *»Ähm, reden wir noch über den Besuch der Queen, Herr Gabriel?«* Die Zeichnung erschien im Juli 2015. Er war zu dieser Zeit als Bundesvorsitzender der SPD sowie Bundeswirtschaftsminister und Vizekanzler auf dem Höhepunkt seiner politischen Karriere angelangt. Im Juni 2015 war die Queen (Königin Elisabeth II.) zum letzten Mal auf Staatsbesuch in Deutschland, weshalb diese Merkel-Queen-Konfusion von Seiten des Analytikers nahelag. Dem Mann auf der Couch aber darf man getrost unterstellen, dass er die Kanzlerin im Sinn hatte.

---

[29] https://www.wikiwand.com/de/Spionageaktivit%C3%A4ten_(Globale_%C3%9Cberwachungs-_und_Spionageaff%C3%A4re)#%C3%9Cberwachung_von_Kanzlerin_Merkel_und_anderer_Spitzenpolitiker (06.01.2024).

*Abb. 48*

Bundeskanzlerin Merkel beschäftigt den Klienten auf der Couch in der folgenden Karikatur auf ganz andere Weise. (Abb. 49) Sie erschien im Februar 2016, als die Flüchtlingskrise, verursacht durch Merkels Politik der offenen Grenzen, hohe Wellen schlug und ihr Ausspruch »Wir schaffen das« alle Kritiker ihrer Politik als Kleingeister ins Abseits stellte. Der blonde und etwas feiste Mann im Anzug und mit Krawatte soll wohl einen Bayern darstellen, was mit einem vollen Maß Bier und einer angebissenen Brezel auf dem Boden neben der Couch symbolisiert wird. Der Analytiker fragt ihn: *»Sie wollen also Angela Merkel in die DDR abschieben?«* Die Antwort: *»Ja, und dann zeige ich ihr, was eine deutsche Grenze ist.«* Karikaturen sind wie alle Bildnisse mehrdeutig und können je nach Standpunkt verschieden interpretiert werden. So können Merkel-Verehrer hier über den primitiven, rückständigen Bayern wahrscheinlich ebenso lachen, wie Merkel-Kritiker, dessen Abschiebe-Fantasie witzig finden und gerne teilen.

In der folgenden Karikatur mit dem Titel *»Zeit der Einzelgespräche«*, die am 22. November 2017 abgedruckt wurde, taucht die analytische Couch sogar fünfmal auf. (Abb. 50) Hinter jeder fungiert Bundespräsident Frank-Walter Steinmeier als Analytiker. In der Bildmitte befindet sich die Couch mit Angela Merkel, erkennbar an den Händen über dem Bauch, welche die typische Raute bilden. Es geht um die schwierige Neuauflage der Großen Koalition nach der Bundestagswahl, für deren Zustandekommen sich Steinmeier intensiv eingesetzt hatte. Das analytische Setting in seiner Vielzahl ist in dieser Karikatur ein geeignetes Mittel, um die zentrale Rolle des Bundespräsidenten bei den »Einzelgesprächen« zu verdeutlichen. Ob dies als eine Kritik zu verstehen ist, wird nicht deutlich. Es handelt sich eher um eine wohlwollende Beschreibung seiner Intervention.

*Abb. 49*

Am 23. Mai 2013 fand die Festveranstaltung »150 Jahre Sozialdemokratische Partei Deutschlands« in Leipzig statt.[30] Einen Tag später erschien diese Karikatur. (Abb. 51) Auf der Couch liegt der sichtlich angespannte damalige Kanzlerkandidat der SPD Peer Steinbrück, der sich einen schweren Felsbrocken vom Leib hält, der ihn zu erdrücken droht. Darin sind Leitfiguren der Parteigeschichte zu sehen, acht an der Zahl, darunter Rosa Luxemburg und Willy Brandt. Der Analytiker mit der

30 https://www.bundespraesident.de/SharedDocs/Reden/DE/Joachim-Gauck/Reden/2013/05/130523-150-Jahre-SPD.html (07.01.2024).

unverkennbaren Physiognomie von Sigmund Freud fragte ihn: *»Haben Sie Lust an der Last?«* In der linken Hand hält er eine Zigarre, deren Rauch aufsteigt. Auch aus seinem Mund entweicht ein Rauchwölkchen, was zum Ausdruck bringt, dass sich der Analytiker in einer behaglichen Position befindet. Die Zeichnung stellt die in der Tat brisante Frage, inwieweit gerade die stolze Parteigeschichte zu einem Alptraum werden kann, die den auf der Couch liegenden Politiker schier erdrückt.

*Abb. 50*

In dieser Karikatur liegt ein gequälter Staatsbürger auf der Couch in Form einer kargen Liege. (Abb. 52) Sie spielt einerseits auf die Politikverdrossenheit an, andererseits bringt der Text eine kognitive Dissonanz zum Ausdruck: *»Keiner will mich regieren!«*, klagt der aufgebrachte Patient, was natürlich dem Grundsatz der Demokratie widerspricht, die ja prinzipiell davon ausgeht, dass die Staatsbürger sich selbst regieren. Die Unterschrift *»Demokratie in der Krise?«* hebt diesen Widerspruch hervor. Die Ansichtskarte bezieht sich nicht auf ein konkretes politisches Ereignis, sondern spiegelt nur allgemein die seit Jahren und Jahrzehnten viel diskutierte »Politikverdrossenheit« wider.

Haben Sie
Lust an der
Last?
Mohr
13
SZ-ZEICHNUNG: BURKHARD MOHR
24.05.2011

*Abb. 51*

Keiner will
mich regieren!
RÜRUP
Demokratie in der Krise?

*Abb. 52*

## Soziale Krisen auf der Couch

Im Unterschied zu parteipolitischen Problemen scheinen gesellschaftliche Krisen weniger Beachtung zu finden. Dies entspricht – eingedenk meiner kleinen Auswahl von Karikaturen – allerdings nur meinem persönlichen Eindruck. Vielleicht liegt der Grund darin, dass Spitzenpolitiker durch die Medien einen hohen Bekanntheitsgrad haben. Ihre Gesichter erkennt jeder auf der Straße. Sie sind deshalb geeignete Objekte für Zeichner, die möglichst viele Zeitungslesern anzusprechen haben. Die folgende Karikatur spricht die Migrations- und Integrationsproblematik an. (Abb. 53)

*Abb. 53*

Auf der Couch liegt eine deprimiert aussehende Frau mittleren Alters und klagt ihr Leid: *»Ich bin Muslima, und fühle mich deutsch.«* Der Analytiker dreht sich zur geöffneten Tür, die ins Vorzimmer führt, wo das Gesicht der Sekretärin im Profil zu sehen ist. Er ruft ihr zu: *»Frau Beyer, sagen Sie heute allen weiteren Patienten ab.«* Offenbar hält er die Störung der Patientin für so gravierend, dass er zu ihrer Behandlung alle seine Kräfte aufbieten muss und für weitere Patienten an diesem Tag nicht mehr zur Verfügung stehen kann. Im Sinne der Integration ist die Gefühlslage der Frau vielleicht wünschenswert, im Sinne ihrer seelischen Gesundheit ist sie wohl eher krankmachend. Die Karikatur konfrontiert uns mit dem schwer lösbaren Konflikt zwischen Identität und Assimilation im Seelenleben von Migranten. Es kann sein, dass sie gerade dann am meisten leiden, wenn sie sich (zu) »deutsch« fühlen.

In einer anderen Karikatur vom November 2015 liegt sogar die ganze Erde auf der Couch und klagt: *»Ich weiß nicht mehr, wo ich anfangen soll.«* (Abb. 55) Dies ist eine Anspielung auf die humanitären Katastrophen, die mit der Flüchtlingskrise im Frühherbst in Deutschland sichtbar wurden. Die Asylsuchenden kamen aus Ländern, die von Krieg oder Bürgerkrieg betroffen waren, insbesondere aus Syrien, Afghanistan und Irak. Die Karikatur spielt wohl auf diese Situation an. Die Welt befindet sich mit ihren militärischen und sozialen Brennpunkten in einer äußerst bedauernswerten Lage. Der Analytiker scheint ratlos zu sein und schaut nur nachdenklich-besorgt auf den großen Globus auf seiner Couch.

*Abb. 54*

Auch der mutmaßlich anthropogene Klimawandel – von den einen als »Klimakatastrophe«, von den anderen »Klimahysterie« eingeschätzt – ist ein Thema für die Couch. (Abb. 55) Es handelt sich hier um die einzige mir bekannte Karikatur, in der eine Frau als Analytikerin fungiert. Was sie mit energischer Armbewegung dem erschöpften Patienten auf der Couch zu sagen hat, ist als Unterschrift zu lesen: *»Gut, wenn du neun Monate des Jahres in dieser Position verharren könntest, klappt es vielleicht doch noch mit dem Zwei-Grad-Ziel.«* Veröffentlicht wurde die Karikatur im November 2021. In diesem Jahr erhielt der »Klimaschutz« durch besondere Gesetze in Deutschland oberste Priorität.[31] Es ging um eine »Energiewende« von fossilen zu erneuerbaren Energien, um die CO2-Emmissionen drastisch zu reduzieren. Es ist hier nicht der Ort, um diese problematische Strategie einer kritischen Würdigung zu unterziehen.

*Abb. 55*

[31] https://www.tatsachen-ueber-deutschland.de/de/deutschland-auf-einen-blick/vorreiter-der-klimapolitik (07.01.2023).

Die Karikatur zeigt auf, was dies in letzter Konsequenz bedeutet: Reduktion der eigenen Ausatmung von CO2 (final wäre das Ideal mit dem Einstellen des Atmens erreicht). Etwas rätselhaft ist die Zeitdauer von neun Monaten. Das entspricht der Dauer einer Schwangerschaft, hat aber in meinen Augen zum Thema der Klimakrise keinen Bezug – es sei denn, man zieht hier die Überlegung von gewissen Nachhaltigkeitsforschern in Betracht, *»dass die Entscheidung, weniger Kinder zu bekommen, die effektivste Lebensentscheidung überhaupt ist für Menschen, die sich um den Klimawandel sorgen.«*[32] Inwieweit die Karikatur auf die Absurdität der (deutschen) Klimapolitik hinweisen will, sei dahingestellt.

*Abb. 56*

Es gibt auch durch Sport verursachte mentale Krisen einer Nation oder eines Volkes, wenn etwa die Nationalmannschaft bei einer Fußballweltmeisterschaft versagt. Eine solche Niederlage wirkt besonders traumatisch, wenn in einem Land die allgemeine Fußballbegeisterung groß ist. Dies ist sicherlich in Brasilien der Fall, was diese Karikatur zum Ausdruck bringt. (Abb. 56) Wir sehen zwei Couch-Szenarien. Links ist *»Brasiliens Trauma 1950-2014«* dargestellt. Der brasilianische Fußballfan stößt gequält einzelne Worte aus: *»Maracana ... Uruguay ... Ghiggia ... 79. Minute ...«*. Damit meint er die Niederlage Brasiliens im Endspiel der Fußballweltmeisterschaft 1950 gegen Uruguay mit 1:2, das als »Schock von Maracana« in die Fußballgeschichte einging.[33] Rechts daneben sehen wir *»Brasiliens Trauma 2014«*: Der Brasilianer hat sich offensichtlich unter die Couch geflüchtet und ist nun unsichtbar, der Analytiker beugt sich herunter, um nach ihm zu sehen.

---

[32] https://www.fr.de/wissen/kinderlos-klima-retten-11005282.html (17.01.2024).

[33] https://www.wikiwand.com/de/Maracana%C3%A7o (17.01.2024).

Nur eine Sprechblase steigt auf, die sich über die gesamte Couch wie ein Schlachtfeld ausbreitet, in das insgesamt sieben Kanonenkugeln in Gestalt von Fußbällen einschlagen, drei davon befinden noch in der Luft. Dies symbolisiert, dass das Trauma von 2014 viel schlimmer ist als alles, was zuvor passierte. Gemeint ist der Sieg der Deutschen gegen die Brasilianer im Halbfinale der Fußballweltmeisterschaft mit 7:1 Toren am 8. Juli 2014. Die Brasilianer wurden von den Deutschen weggebombt, wie die Karikatur verdeutlicht – natürlich zur Zufriedenheit der deutschen Fußballgemeinde.

Obwohl in der heutigen Psychotherapie im Rahmen unseres Gesundheitssystems die klassische Psychoanalyse kaum mehr eine Rolle spielt und somit das Liegen auf der Couch zuallermeist entfällt, hat sich das von Freud etablierte Setting quasi als Ideogramm erhalten. Als Beispiel sei hier eine Konstellation mit Spielfiguren und -möbeln von Playmobil vorgestellt. (Abb. 57) Eine auf einem Lehnstuhl sitzende Puppe neben einer auf einem Sofa liegenden machen jedem Betrachter klar, dass es hier um das Thema Psychoanalyse oder Psychotherapie geht. Das Bild soll den kritischen Bericht über die reduzierte Kostenerstattung der Krankenkassen illustrieren: *»Psychotherapie: Viele warten lange auf einen Termin«*. Obwohl die Puppen ein kindlich-unbekümmertes Aussehen haben und kaum mit der Rolle von Analytikern oder Patienten in Verbindung zu bringen sind, reicht diese Sessel-Sofa-Kombination aus, um sie sofort als eine psychotherapeutische Konstellation zu identifizieren. Ein Detail ist bemerkenswert, wenngleich nicht erstaunlich: Auf dem Lehnstuhl sitzt eine Junge, auf dem Sofa liegt ein Mädchen. Diese Rollenverteilung der Geschlechter entspricht freilich dem medizinhistorisch bekannten Schema.

Psychotherapie:
Viele warten lange auf einen Termin

**Kassen weniger kulant**

Viele gesetzlich versicherte Patienten, die Psychotherapie benötigen, müssen bis zu ein halbes Jahr darauf warten. In solchen Fällen zeigten sich die Krankenkassen bislang oft kulant und finanzierten die Behandlung in einer Privatpraxis. Doch nun verweigern sie zunehmend diese Kostenerstattung. Das zeigt eine Studie von zehn Landespsychotherapeutenkammern. Die Bewilligungsquote sank von 81 Prozent im Jahr 2016 auf 47 Prozent im Jahr 2017, obwohl sich an den rechtlichen Voraussetzungen nichts geändert hat.

8 Apotheken Umschau 2/2019

*Abb. 57*

## Freud funktioniert auch ohne Couch

Es gibt, wie wir bereits gesehen haben, Karikaturen, in denen Freud beziehungsweise die Psychoanalyse herumgeistert, ohne dass die Couch zu sehen ist. Ein Beispiel bietet diese Zeichnung. (Abb. 58) Der Analytiker mit einem an Freud erinnernden Aussehen sitzt in einem bequemen Sessel am Ufer eines breiten Flusses oder Meeresarms, der von einer riesigen Hängebrücke überquert wird, die der Golden Gate Bridge in San Francisco ähnelt. Er notiert sich etwas mit seinem Stift auf einen Schreibblock, während die Brücke – die Sprechblase geht von der Spitze eines Brückenpfeilers aus, das Gesicht der Brücke wird nur mit zwei großen Glupschaugen und abspritzenden Schweißtropfen angedeutet – ihm zuruft: *»Ich halte diese Spannungen im Job kaum noch aus, Herr Doktor ...«*. Was der Analytiker sicher sehr oft von seinen Patienten zu hören bekommt, sagt ihm nun die Hängebrücke in der Rolle eines Patienten. Ihre Spannungen sind physikalisch äußerst real, die sie ununterbrochen in ihrem »Job« auszuhalten hat. Freilich wäre hier auch ein realer Sigmund Freud nicht in der Lage, daran irgendetwas zu ändern – eine absurde Situation.

*Abb. 58*

Freud ist auch jenseits der Zeichenkunst eine Kultfigur. So gibt es Romane und Filme, die sich mit seiner Biografie und insbesondere mit seiner Rolle als Therapeut bedeutender Persönlichkeiten befassen. Ein bekanntes Beispiel ist der fiktive Roman des US-amerikanischen Psychiaters Irvin D. Yalom *Und Nietzsche weinte* (1992/dt. 1994). Ebenfalls fiktiv ist der Auftritt des alten Freud kurz vor seiner Emigration aus Wien im Roman *Der Trafikant* von Robert Seethaler (2012), der im gleichnamigen Film (2018) von Bruno Ganz kongenial dargestellt wurde.[34]

Der Karikatur näher ist die Nutzung Freuds als Figur in Theaterproduktionen. So erschien er als Dr. Falke in einer Inszenierung der Operette *Die Fledermaus* von Johann Strauß am Badischen Staatstheater Karlsruhe aus dem Jahr 2012. (Abb. 59) In einer Theaterkritik heißt es*: »Da kann nur Dr. Falke helfen, der in der Maske von Sigmund Freud seinen Rachefeldzug gekonnt auf einer psychoanalytischen Ebene ansetzt und als spiritus rector geschickt das Unterbewusste nicht nur bei Eisenstein, der im ersten Akt bei ihm auf der Couch landet, geschickt zu manipulieren weiß«.*[35] In einer anderen Kritik ist zu lesen: *»Ganz am Schluss zündet sich dann Dr. Freud eine Zigarre an und bittet mit [...] falschem Lächeln das Publikum auf die Couch«.*[36] Auf dem Szenenfoto sieht man ihn – dargestellt von Andrew Finden – auf einem Sessel über der Menge thronen.

**Ein Fall für Psychoanalytiker: Dr. Falke alias Dr. Freud (Andrew Finden, Mitte)** FOTO: FALK VON TRAUBENBERG

*Abb. 59*

---

[34] https://de.wikipedia.org/wiki/Der_Trafikant_(Film) (08.01.2024).

[35] *deropernfreund.de*, Ludwig Steinbach (30.12.2013); https://www.staatstheater.karlsruhe.de/programm/presse/1671/ (9.01.2024).

[36] https://www.capriccio-kulturforum.de/forum/index.php?thread/5619-strau%C3%9F-jr-die-fledermaus-badisches-staatstheater-karlsruhe-14-12-2013/ (09.01.2024).

Freuds Autorität im öffentlichen Diskurs zeigt sich – wie eingangs beleuchtet – auch daran, dass man erbauliche Zitate zusammen mit seinem Konterfei präsentiert, um allgemeingültige Lebensweisheiten unters Volk zu bringen, die als solche keinen spezifischen Bezug zur Psychoanalyse haben. In einem Stadtkurier unter der Rubrik »Spruch der Woche« wird ihm folgendes Zitat zugeschrieben: *»Es gibt ebenso wenig hundertprozentige Wahrheit wie hundertprozentigen Alkohol.«* (Abb. 60) Wie man bei einer Recherche im Internet bemerken kann, ist gerade dieser angebliche Spruch von Freud sehr verbreitet – natürlich ohne nähere Quellenangabe. Der Name »Sigmund Freud« genügt, um ihm Prominenz zu verschaffen. Allerdings konnte ich seine Quelle nicht auffinden.[37] (Vielleicht kann hier ein geneigter Leser nachhelfen.) Ähnlich verhält es sich mit dem Spruch: *»Was will eine Frau eigentlich?«* (Abb. 61) Er ist ebenfalls nicht in den *Gesammelten Werken* enthalten (Freud hätte vermutlich vom »Weibe« gesprochen). Möglicherweise sind die Zitate in einem Briefwechsel oder Interview enthalten. Wer weiß?

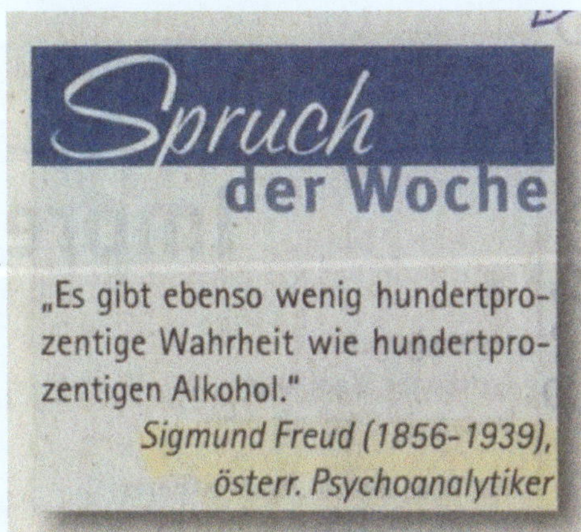


*Abb. 60*

*Abb. 61*

37 Was zumindest die *Gesammelten Werke* betrifft: keine Fundstelle bei http://freud-online.de/Texte/PDF/freud_werke_alle_bd.pdf (14.01.2024).

## Framing à la Freud: ein beliebtes Passepartout

Was lehrt uns die hier vorgestellte Reihe von Karikaturen? Zunächst die große Popularität von Freuds Psychoanalyse. Seine Physiognomie, oft in Verbindung mit einer Zigarre, hat ikonische Bedeutung. Seine Figur kann sofort auch von Menschen identifiziert werden, die kaum etwas über Psychoanalyse wissen. Ebenso hat die Kombination von Sessel und Couch einen hohen Erkennungswert, so unterschiedlich auch die Gestalten sein mögen, die auf Ersterem sitzen beziehungsweise auf Letzterer liegen. Indem Karikaturisten diese beiden Momente getrennt oder auch in Kombination einsetzen, schaffen sie sofort eine numinose Atmosphäre und verweisen auf im Dunkel des »Unbewussten« liegende Triebkräfte und seelische Abgründe. Automatisch werden beim Betrachter Vorstellungen von neurotischem Leiden, unterdrücktem Kindheitstrauma, sexueller Phantasie, psychischem Konflikt etc. geweckt, die mit Freuds Psychoanalyse allgemein assoziiert werden. Dies ist der Rahmen, in den dann die verschiedensten Themen eingesetzt werden können, weshalb ich hier von einem *Passepartout* sprechen möchte.

Ein Sessel neben einer Couch reicht aus, um den Betrachter sofort an Psychoanalyse denken zu lassen. In diesem Rahmen lassen sich dann recht verschiedene Karikaturen ausformen, die sich über alle möglichen Zustände individueller oder gesellschaftlicher Art lustig machen können, handle es sich um die Klage einer Frau über ihre zu kleinen Brüste (Abb. 16), oder um die der Erdkugel über die überhandnehmenden Krisen (Abb. 54). Auffallend ist, dass sich die Karikaturen nie mit der Person Freuds selbst oder seiner Lehre im Einzelnen auseinandersetzen. Sie würden dann wohl ihren Zweck verfehlen, da sie nur auf Insider witzig wirken könnten. Aber sofern Zeichner auf das Klischee von Sessel und Couch zurückgreifen und in diesem Rahmen allgemein bekannte Probleme darstellen, können sie sicher sein, dass ihre Zeichnung mehr oder weniger witzig erscheint. Die »Erniedrigung des Erhabenen«, was nach Freud die Wirkung des Witzes, der Parodie und der Karikatur ausmacht, besteht in der Banalisierung der psychoanalytischen Situation, wo vermeintlich hochkomplexe Seelenstörungen, die einer langen tiefschürfende Analyse bedürfen, ganz simpel erklärt werden und eigentlich keine weitere psychoanalytische Behandlung erfordern – wenn etwa der Analytiker sagt*: »Sie sind nicht depressiv. Sie haben einfach nur ein beschissenes Leben!«* (Abb. 30) Die hier versammelten Karikaturen stellen verschiedene Typen von Analytikern dar. So erscheinen sie als schweigend-ratlos (Abb. 16, 17), »normal« reagierend (Abb. 15, 21), banal assoziierend (Abb. 18, 19, 20, 22), desinteressiert, quasi abwesend (Abb. 26), alles schon wissend (Abb. 23, 30) und primär an sein Honorar denkend (Abb. 24, 25).

Aber *ein* Umstand fällt auf: Über Freuds Person selbst wird merkwürdigerweise nicht gespottet, sein Bild wird nicht vom Sockel, genauer gesagt: vom Sessel gestoßen. Die eingangs gezeigten Porträt-Grafiken mit (angeblichen) Freud-Zitaten respektieren ihn als Geistesgröße. (Abb. 3-5). Dies erinnert an Kurt Tucholskys Gedicht *Psychoanalyse*, in dem er sich zwar über den Deutungswahn der freudianischen – nach Tucholsky „freudistischen" – Irrenärzte lustig macht, aber die Genialität des Meisters jenen gegenüber anerkennt, wenn auch in ironischer Verkleidung. Zum Abschluss seien zwei Passagen aus seinem Gedicht zitiert, das er 1925 in der Wochenzeitschrift *Die Weltbühne* veröffentlichte.

Der Beginn lautet:

*Drei Irre gingen in den Garten*
*und wollten auf die Antwort warten.*
*Der erste Irre sprach:*
*»O Freud!*
*Hat dich noch niemals nicht gereut,*
*dass du Schüler hast? Und was für welche –?*
*Sie gehen an keinem vorüber, die Kelche.*

Später heißt es dann:

*Die drei Irren sangen nun im Verein:*
*»Wir wollen keine Freudisten sein!*
*Die jungen Leute, die davon kohlen,*
*denen sollte man kräftig das Fell versohlen.*
*Erreichen sie jemals das Genie?*
*O na nie –!* [38]

[38] https://www.textlog.de/tucholsky/gedichte-lieder/psychoanalyse (9.01.2024)

## Der gezeichnete Freud zum Ausklang …

*Abb. 62*

Sigmund Freud kurz nach seiner Ankunft in London (*Victoria Station*) am 6. Juni 1938 im Taxi auf dem Weg ins Exil. (Abb. 62) Er wohnte dann bis zu seinem Tod am 23. September 1939 in dem Haus *20 Maresfield Gardens* (Stadtteil Hampstead), das heute das *Sigmund Freud Museum London* beherbergt.

## Abbildungsverzeichnis/Bildquellen

1. Foto von Max Halberstadt (1921);
https://de.m.wikipedia.org/wiki/Datei:Sigmund_Freud_LIFE.jpg (17.01.2024)

2. SIGMUND FREUD (pop art new generation)
Grafik-Designer: nicht genannt
Ansichtskarte
Quelle: nobis design; https://www.nobisdesign.de/

3. SIGMUND FREUD: PALOMA people, 20th Century COLLECTION
Ansichtskarte
Quelle: Gutsch Verlag, Berlin; https://www.gutschverlag.de/

4. SIGMUND FREUD: PALOMA People COLLECTION
Ansichtskarte
Quelle: Gutsch Verlag, Berlin; https://www.gutschverlag.de/

5. »Niemals sind wir so verletzlich ...«
Grafik-Designer: nicht genannt
Ansichtskarte
Quelle: indernussschale.de (Köln)

6. »Neurosenzüchter«
Grafik-Designer: Björn Karnebogen
Ansichtskarte
Quelle: modern times GmbH

7. »PINK FREUD«
Grafik-Designer: nicht genannt
Ansichtskarte
Quelle: POST©ART, www.postcard.info

8. Freud mit osmanischer Kopfbedeckung (Fez)
Bildausschnitt aus einem Zeitungsartikel
Quelle: Näheres unbekannt (*Badische Zeitung?*)

9. »Sigmund Freud Spiralblock«
Fotomontage: Werbung für Spiralblock
Designt und verkauft von Come Cosi
Quelle: https://www.redbubble.com/de/i/notizbuch/Sigmund-Freud-von-DariaStones/104634896.WX3NH

10. »WHAT'S ON A MAN'S MIND. Sigmund Freud«
Ansichtskarte
Quelle: POP-EYES barcelona, www.popeyes.es

11. Filmplakat zu »Mahler auf der Couch« (2010)
Ansichtskarte
Quelle: https://www.imago-images.com/st/0098112469

12. »Selbstanalyse«
Zeichnung: papan (= Manfred von Papen)
Ansichtskarte
Quelle: Inkognito (Berlin); www.inkognito.de

13. Zeichnung von Heinz Schott (2024) nach einem Foto von Edmund Engelmann (1938)
Quelle: Edmund Engelmann: *Berggasse 19. Sigmund Freuds Domizil*. Stuttgart; Zürich 1977, Abb. 11

14. Freuds Couch
Sigmund Freud Museum London
Quelle: https://upload.wikimedia.org/wikipedia/commons/f/fe/Study_with_the_couch%2C_Freud_Museum_London%2C_18M0143.jpg (22.12.2023)

15. Zeichnung: TOM (= Thomas Körner)
Ansichtskarte
Quelle: https://www.joker-vertrieb.de/

16. »Weltschmerz auf der Hühnerleiter«
Zeichnung: Urheber nicht ersichtlich
Ausschnitt
Quelle: *taz, die tageszeitung*; 21.11.2009

17. »Sie glauben gar nicht, wie sehr ich das gerade genieße ...«
Zeichnung: P. GAY (= Peter Gaymann)
Ansichtskarte
Quelle: www.discordia-postkarten.de

18. »ausgebrannt«
Zeichnung: Woessner (= Freimut Wössner)
Ausschnitt
Quelle: *Badische Zeitung*; 10.03.2016

19. »Ich bin süchtig nach Lea's Schampus-Zabaione!«
Zeichnung: P. GAY (= Peter Gaymann)
Bildkarte (DIN A5)
Quelle: keine Angabe

20. »Sachertorte?«
Zeichnung: BECK (= Detlef Beck)
Ansichtskarte
Quelle: Inkognito (Berlin); www.inkognito.de

21. »Sie sind plemplem«
Zeichnung: mahler (= Nicolas Mahler)
Ausschnitt aus einer unbekannten Schrift

22. Rubrik: »FREUD und kein Ende«
Zeichnung: Rattelschneck (= Marcus Weimer und Olav Westphalen)
Ausschnitt
Quelle: *Süddeutsche Zeitung* (Datum unbekannt, vermutlich Jg. 2016)

23. »Wir können jede Woche eine Sitzung machen ...«
Zeichnung: SCHILLING & BLUM (Michael Schilling und Jan Blum)
Ansichtskarte
Quelle: Inkognito (Berlin); www.inkognito.de

24. Meissners Strategen:
»Sie beschäftigen sich seit längerem mit dem Euro ...«
Zeichnung: Dirk Meissner
Ausschnitt
Quelle: unbekannt (vermutlich aus dem Jahr 2011)

25. »Mein Vater schlägt mich ...«
Zeichnung: Rattelschneck (= Marcus Weimer und Olav Westphalen)
Aussschnitt
Quelle: *Süddeutsche Zeitung*, 23./24.09.2016

26. Neue Umfrage zum Ansehen des Lehrerberufs
Zeichnung: Urheber unbekannt
Ausschnitt
Quelle: unbekannt

27. »Scheu vor dem Chefsessel – warum nur?«
Zeichnung: Dieter Hanitzsch
Ausschnitt
Quelle: *Süddeutsche Zeitung*, 20.08.2012

28. »Am Rande der Gesellschaft«aus
Zeichnung: H&B (= Hauck & Bauer)
Ausschnitt
Quelle: *Frankfurter Allgemeine Sonntagszeitung*, 13.06.2023

29. Psychoanalyse
Bildgeschichte mit 6 Zeichnungen
Beitrag zu einem Buch oder einer Broschüre
Zeichnung: Urheber unbekannt
Quelle: Unbekannt

30. »Beschissenes Leben«
Zeichnung: SCHILLING & BLUM (Michael Schilling und Jan Blum)
Ansichtskarte
Quelle: Inkognito (Berlin); www.inkognito.de

31. Schule nach der Pandemie
Zeichnung: Denis Metz
Illustration zum Artikel: »Kinder in der Pandemie. Endlich zuhören«
Quelle: *Süddeutsche Zeitung*, 29./30.05.2021

32. »Ich gebe so viel Geld ...«
Zeichnung: Ralph Ruthe
Ansichtskarte
Quelle: https://www.cartoonkaufhaus.de/

33. »Geschmückte Tannen lösen bei mir große Angst aus.«
Zeichnung: P. GAY (= Peter Gaymann)
Ansichtskarte
Quelle: www.discordia-postkarten.de

34. »Alle Achtung!...«
Grafik-Designer: Horst Pohl
Ansichtskarte
Quelle: www.eulenspiegel-verlag.de

35. »Wie ist das Verhältnis zu Ihrem Vater?«
Zeichnung: keine Angabe
Ausschnitt
Quelle: unbekannt

36. »Schmeckt aber wie von glücklichen Hühnern«
Zeichnung: SCHILLING & BLUM (Michael Schilling und Jan Blum)
Ausschnitt
Quelle: unbekannt

37. »Angst vor Spinnen«
Zeichnung: OL (= Olaf Schwarzenbach)
Ansichtskarte
Quelle: Inkognito (Berlin); www.inkognito.de

38. »Zwitschern und Tirilieren«
Zeichnung: TETSCHE (= Fred Tödter)
Ansichtskarte
Quelle: Inkognito (Berlin); www.inkognito.de

39. »It's the mailman, doc ...«
Zeichnung: Larson (= Gary Larson)
Ausschnitt
Quelle: unbekannt

40. »You know those teeny tiny little birds ...«
Zeichnung: Larson (= Gary Larson)
Ausschnitt
Quelle: unbekannt

41. „Ich hasse mich!"
Zeichnung: HS (= Heiko Sakurai)
Ausschnitt
Quelle: unbekannt

42. »Wie ist dem Ärmsten zu helfen? Sigmund Freud«
Zeichnung: Karl Thomas
Ausschnitt
Illustration zum Artikel von Meike Fessmann: »Triumph des Alltags«
Quelle: *Berliner Zeitung (?)*, 28.07.2009
Derselbe Artikel erschien unter anderer Überschrift in: *Tagesspiegel*, 26.07.2009; dort wird nur ein kleiner Ausschnitt derselben Karikatur reproduziert: https://www.tagesspiegel.de/kultur/literatur/der-einfluss-der-psychoanalyse-6805030.html (02.12.2023).

43. »Chamäleon«
Zeichnung: Yvonne Sondag
Ansichtskarte
Quelle: Inkognito (Berlin); www.inkognito.de

44. »Das Gute am Föderalismus«
Zeichnung: Stuttmann (= Klaus Stuttmann)
Ausschnitt
Quelle: *Badische Zeitung*; 5.08.2020.

45. »Startposition«
Zeichnung: TOMICEK (= Jürgen Tomicek)
Ausschnitt
Quelle: *General-Anzeiger*, 28.12.2012.

46. »... wo ist das Problem«
Zeichnung: H (= Horst Haitzinger
Ausschnitt
Quelle: *Badische Zeitung*, 24.11.2017

47. »Ihre Verfolgungspsychose ist nun Realität!«
Zeichnung: H (= Horst Haitzinger
Ausschnitt
Quelle: *Badische Zeitung*, 25.10.2013

48. »... tja, und da sitzt diese Frau da oben wie festmontiert ...«
Zeichnung: HS (= Heiko Sakurai)
Ausschnitt
Quelle: *Zahnärzteblatt BW* 7/2015

49. »Sie wollen also Angela Merkel in die DDR abschieben?«
Zeichnung: Denis Metz (SZ-Zeichnung)
Ausschnitt
Illustration zum Zeitungsartikel »Flüchtlingspolitik: Die raue Wirklichkeit«
Quelle: *Süddeutsche Zeitung*, 6./7.2.2016

50. »Zeit der Einzelgespräche ...«
Zeichnung KS (= Klaus Stuttmann)
Ausschnitt
Quelle: *Badische Zeitung*, 22.11.2017

51. »Haben Sie Lust an der Last?«
Zeichnung: Burkhard Mohr
Ausschnitt
Quelle: *Süddeutsche Zeitung*, 24.05.2013

52. »Demokratie in der Krise?«
Zeichnung: RÜRUP (= Stephan Rürup)
Ausschnitt aus einer unbekannten Schrift
Quelle: unbekannt

53. »Ich bin Muslima ...«
Zeichnung: TIL (= Til Mette)
Kopie aus einer unbekannten Schrift

54. »... wo ich anfangen soll!«
Zeichnung: H (= Horst Haitzinger)
Ausschnitt
Quelle: *Badische Zeitung*, 19.11.2015

55. Meissners Strategen: »Gut, wenn du neun Monate des Jahres ...«
Zeichnung: Dirk Meissner
Ausschnitt
Quelle: *Süddeutsche Zeitung*, 8.11.2021

56. HÄRRINGERs WM-SPORTSCHAU
»Brasiliens Trauma ...«
Zeichnung: Christoph Härringer
Ausschnitt
Quelle: unbekannt

57. »Psychotherapie: Viele warten lange auf einen Termin«
Illustration zu einem Zeitschriftenartikel
Ausschnitt
Quelle: *Apotheken-Umschau* 2/2019

58. »Ich halte dies Spannungen im Job kaum noch aus«
Zeichnung: Urheber unbekannt
Quelle: unbekannt

59. Freud als Operettenfigur
Foto: Falk von Traubenberg
Ausschnitt
Quelle: *Badische Zeitung*, 23.12.2013

60. Spruch der Woche
Ausschnitt
Quelle: *Freiburger Wochenbericht & Stadtkurier*, 9.01.2013

61. »was will eine Frau eigentlich?«
Grafik-Designer: nicht angegeben
Ansichtskarte
Quelle: fotolia – rashadashorov – artwork studios

62. Zeichnung, hergestellt von Heinz Schott (2024) nach einem Foto © AFP.
Quelle: https://www.tagesspiegel.de/wissen/aus-dem-souterrain-der-psyche-8107132.html
(20.05.2024).

# SCHOTT's NEUE BIBLIOTHEK

**Schriftenreihe im Verlag BoD - Books on Demand**

**Bisher erschienen:**

Band 1

Heinz Schott: *Himmel oder Hölle. Ansichten zur menschlichen Sexualität*
Paperback; 244 Seiten; Sprache: Deutsch
ISBN: 9783837006018
Erscheinungsdatum: 23.03.2017
– Dieses Buch wurde nachträglich der Schriftenreihe als Band 1 zugeordnet.

Band 2

Heinz Schott: *Fluidum. Magische Momente des Mesmerismus*
Paperback; 148 Seiten; Sprache: Deutsch
ISBN: 9783744802055

Band 3

Alice B. Stockham: *Karezza. Ethics of Marriage*
Edited by Heinz Schott
Paperback; 72 Seiten; Sprache: Englisch
ISBN: 9783744815086
Erscheinungsdatum: 04.05.2017

Band 4

Heinz Schott: *Magic of Nature. On the Mystery of Healing*
Paperback; 152 Seiten; Sprache: Englisch
ISBN: 9783746064956
Erscheinungsdatum: 17.01.2018

Band 5

Alice B. Stockham: *The Lover's World. A Wheel of Life*
Edited by Heinz Schott
Paperback; 360 Seiten; Sprache: Englisch
ISBN: 9783749432271
Erscheinungsdatum: 22.05.2019

Band 6

Richard Wagner: *Eine Pilgerfahrt zu Beethoven. Novelle*
Herausgegeben von Heinz Schott
Paperback; 48 Seiten; Sprache: Deutsch
ISBN: 9783750461222
Erscheinungsdatum: 27.02.2020

Band 7

Heinz Schott: *Corona und was die Seuchengeschichte lehrt. Essay*
Paperback; 100 Seiten; Sprache: Deutsch
ISBN: 9783751981095
Erscheinungsdatum: 18.10.2020

Band 8

Heinz Schott: *Arbeit und Krankheit. Ein medizin-soziologischer Beitrag zur Problematik der Rehabilitation. Versuch einer wissenschaftskritischen Bestandsaufnahme.* Doktorarbeit von 1974 mit einem aktuellen Rückblick.
Paperback; 344 Seiten; Sprache: Deutsch
ISBN: 9783752638769
Erscheinungsdatum: 05.02.2021

Band 9

Carl Gustav Carus: *Ueber Geistes-Epidemien der Menschheit* (1852)
Mit Anmerkungen und einem Nachwort herausgegeben von Heinz Schott
Paperback; 72 Seiten; Sprache: Deutsch
ISBN: 9783755709695
Erscheinungsdatum: 11.03.2022

Band 10

Willy Hellpach: *Die geistigen Epidemien* (1906).
Mit einem Nachwort herausgegeben von Heinz Schott
Paperback; 124 Seiten; Sprache: Deutsch
ISBN: 9783753498362
Erscheinungsdatum: 09.08.2022

Band 11

Heinz Schott: *Die Gedanken sind frei! Ein Essay zur Zeitenwende.*
Paperback; 144 Seiten, Sprache: Deutsch
ISBN: 9783758302237
Erscheinungsdatum: 13.11.2023